DAS HANDBUCH FÜR PORTRÄTZEICHNUNGEN

Einsteigerfreundliche
Techniken und Anleitungen
zum Zeichnen von Gesichtern

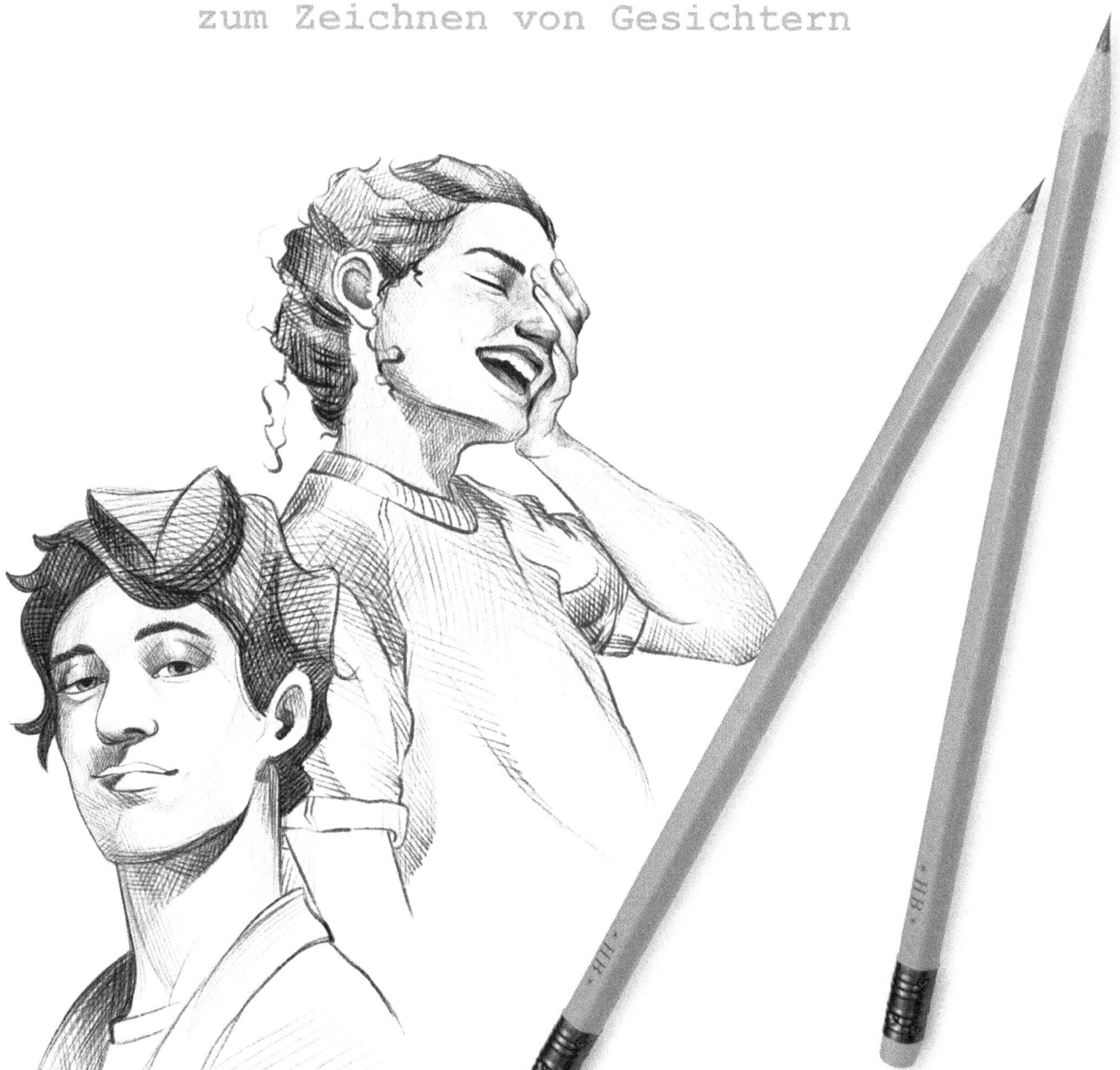

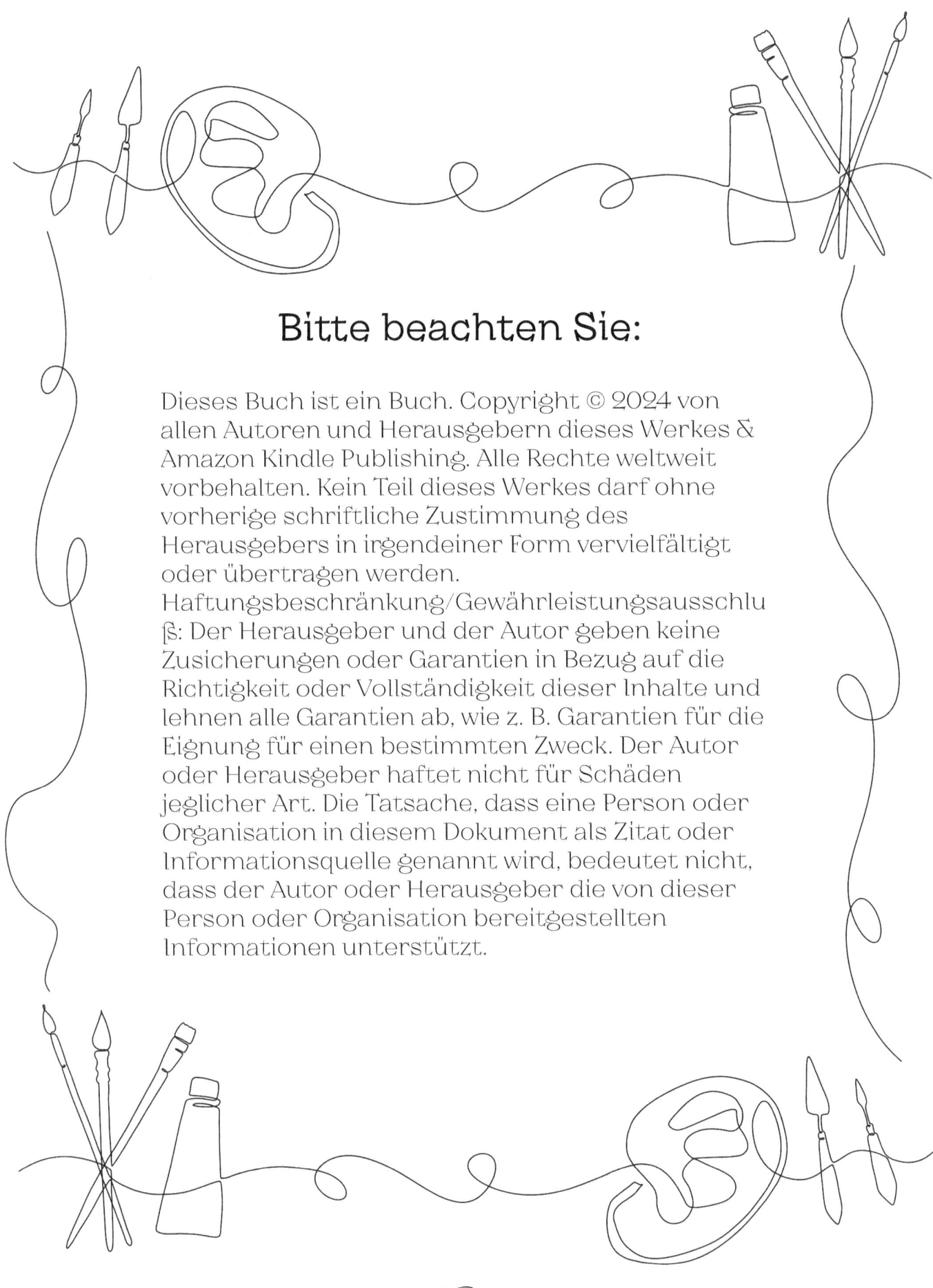

Bitte beachten Sie:

Dieses Buch ist ein Buch. Copyright © 2024 von allen Autoren und Herausgebern dieses Werkes & Amazon Kindle Publishing. Alle Rechte weltweit vorbehalten. Kein Teil dieses Werkes darf ohne vorherige schriftliche Zustimmung des Herausgebers in irgendeiner Form vervielfältigt oder übertragen werden.
Haftungsbeschränkung/Gewährleistungsausschluß: Der Herausgeber und der Autor geben keine Zusicherungen oder Garantien in Bezug auf die Richtigkeit oder Vollständigkeit dieser Inhalte und lehnen alle Garantien ab, wie z. B. Garantien für die Eignung für einen bestimmten Zweck. Der Autor oder Herausgeber haftet nicht für Schäden jeglicher Art. Die Tatsache, dass eine Person oder Organisation in diesem Dokument als Zitat oder Informationsquelle genannt wird, bedeutet nicht, dass der Autor oder Herausgeber die von dieser Person oder Organisation bereitgestellten Informationen unterstützt.

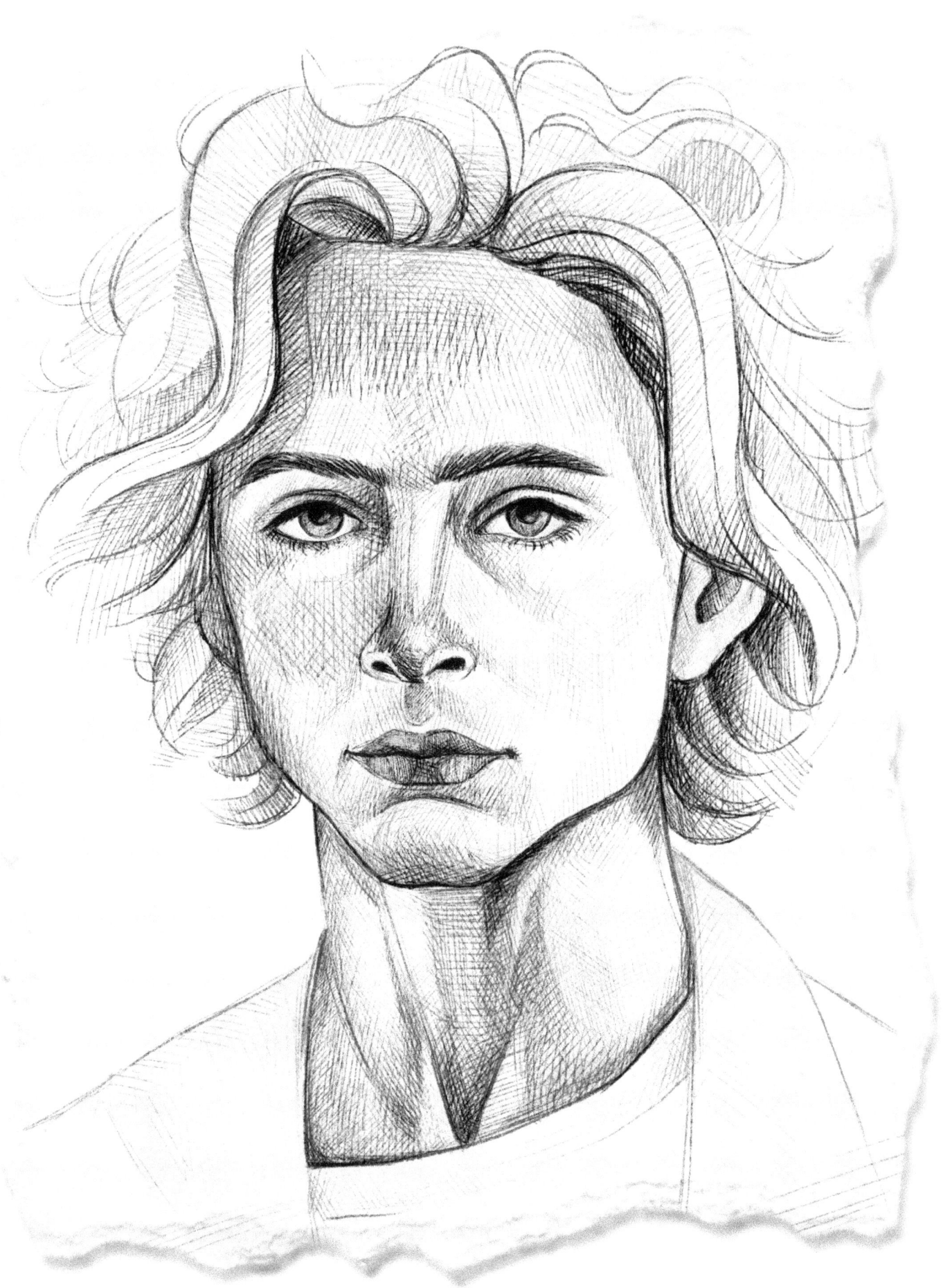

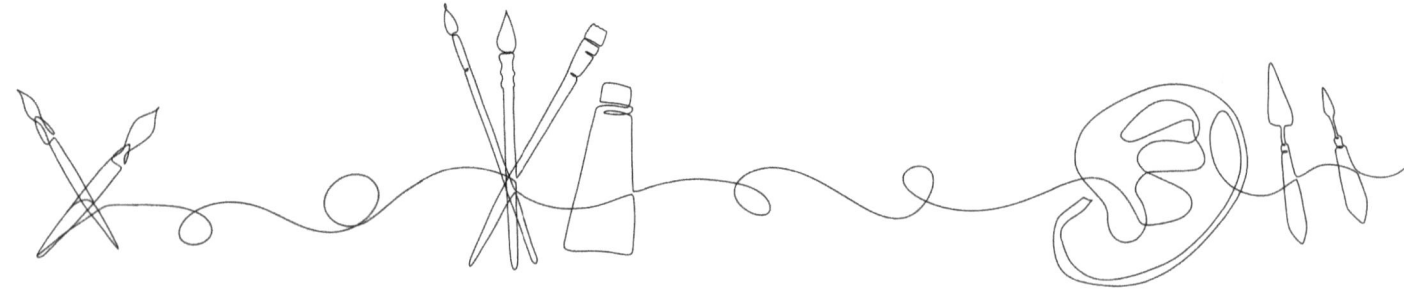

INHALT

Einführung 2
Wesentliche Materialien 3

Grundlagen des Zeichnens:
Schraffur 5
Licht und Schatten 7
Einfache Formen 9
Komposition 13
Perspektive 17

Zeichnen von Porträts:
Frauenporträt 19
Männerporträt 29
Vermittlung von Gefühlen 39
Praxis 45

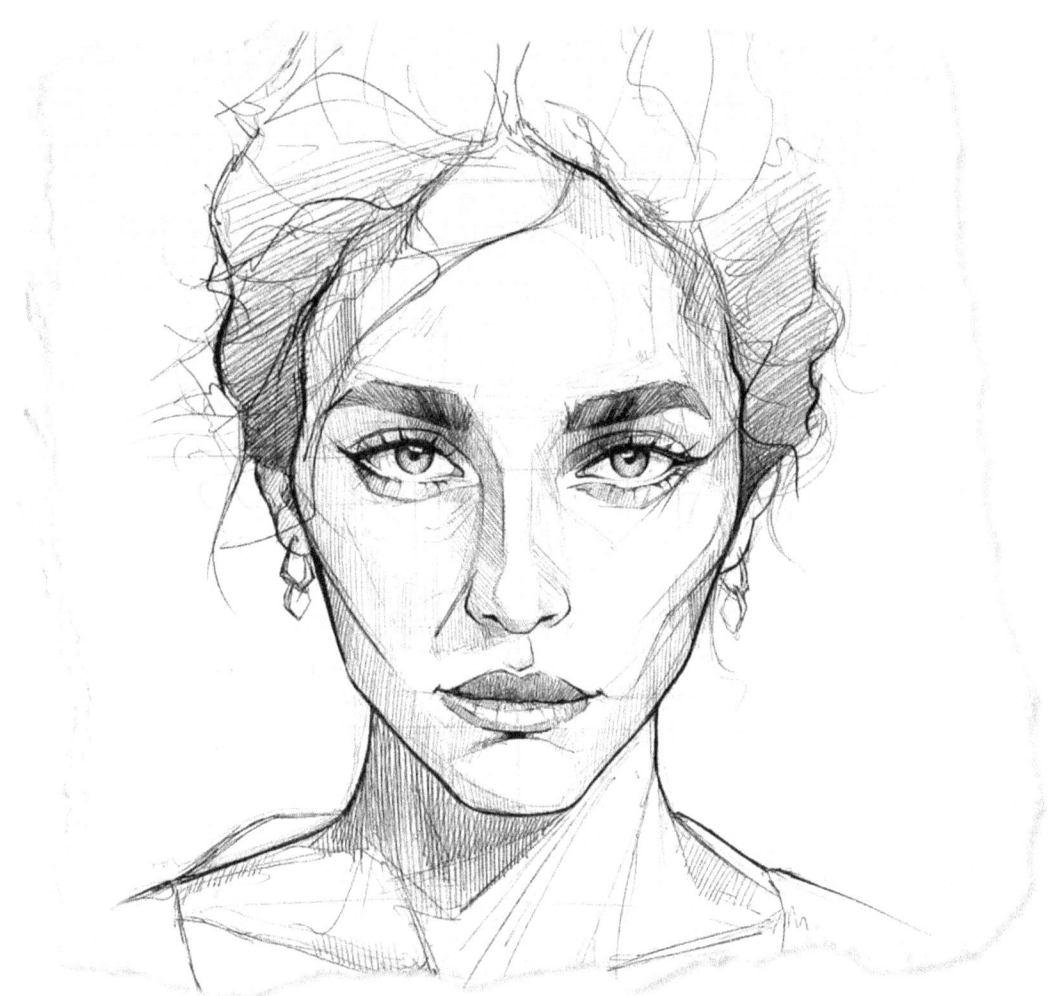

EINFÜHRUNG

Willkommen im Leitfaden für das Zeichnen von Porträts! Hier finden Sie alles, was Sie brauchen, um diese Fertigkeit Schritt für Schritt zu erlernen. Wir fangen mit den Grundlagen an und arbeiten uns Schritt für Schritt nach oben. Als Erstes werden wir Sie mit den richtigen Werkzeugen und Materialien ausstatten. Sobald Sie bereit sind, beginnen wir mit einfachen Formen und Gestaltungen und gehen dann zu komplexeren Kompositionen über.

Am Ende des Kurses werden Sie in der Lage sein, Porträts von jedem zu zeichnen - von Erwachsenen bis hin zu Kindern. Denken Sie einfach daran, dass Übung den Meister macht. Nehmen Sie sich Zeit und seien Sie nicht zu streng mit sich selbst. Mit unserer Anleitung und etwas Mühe werden Sie im Handumdrehen wunderschöne Porträts erstellen!

Also, lass uns eintauchen und Spaß an der Kunst haben!

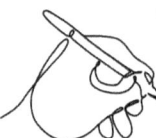 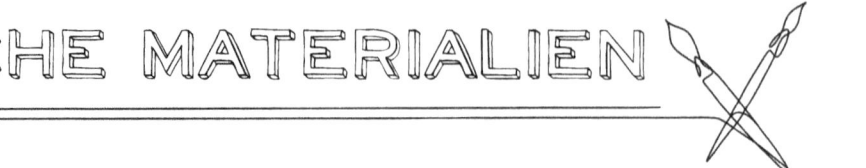

WESENTLICHE MATERIALIEN

Jetzt, wo Sie Ihre Reise zum Porträtzeichnen beginnen möchten, ist es an der Zeit, die wichtigsten Materialien zu besorgen. Keine Sorge, du brauchst nichts allzu Ausgefallenes. Das brauchen Sie für den Anfang:

BLEISTIFTE: Ein Satz Graphitstifte von 2H bis 6B gibt Ihnen die Flexibilität, sowohl helle Umrisse als auch dunklere Schattierungen zu erstellen.

PAPIER: Entscheiden Sie sich für glattes, schweres Papier oder ein Skizzenbuch, das speziell für das Zeichnen entwickelt wurde. Die Oberfläche sollte so beschaffen sein, dass sie Radier- und Mischbewegungen aushält, ohne zu reißen.

RADIERGUMMI: Ein Radiergummi mit Knete ist ideal, um Graphit rückstandsfrei zu entfernen, während ein Radiergummi aus Vinyl für präzisere Korrekturen sehr nützlich ist.

MISCHWERKZEUGE: Erwägen Sie, Ihr Werkzeugset um einen Stumpf oder ein Tortillon zu erweitern, um Graphit nahtlos zu mischen und weiche Übergänge zu schaffen.

ANSPITZER: Halten Sie Ihre Bleistifte mit einem hochwertigen Bleistiftspitzer oder einem Sandpapierblock für präzise Linien und Details scharf.

REFERENZMATERIALIEN: Sammeln Sie Fotos oder Bilder von Gesichtern, die Sie beim Üben als Referenz verwenden können. Im Internet finden Sie zahlreiche kostenlose Ressourcen, und auch Zeitschriften und Bücher können Sie zur Inspiration nutzen.

OPTIONALE EXTRAS: Wenn Sie abenteuerlustig sind, experimentieren Sie mit Buntstiften, Kohle oder Pastellkreiden, um Ihren Porträts Tiefe und Dimension zu verleihen.

TIPP:

Betrachten Sie Härte und Weichheit: Bleistifte werden nach ihrer Härte (H) und Weichheit (B) eingeteilt. Härtere Bleistifte (z. B. 2H) erzeugen hellere Linien, die ideal für erste Skizzen und Umrisse sind. Weichere Bleistifte (z. B. 2B, 4B) erzeugen dunklere Linien und Schattierungen, die sich perfekt für das Hinzufügen von Tiefe und Details eignen.

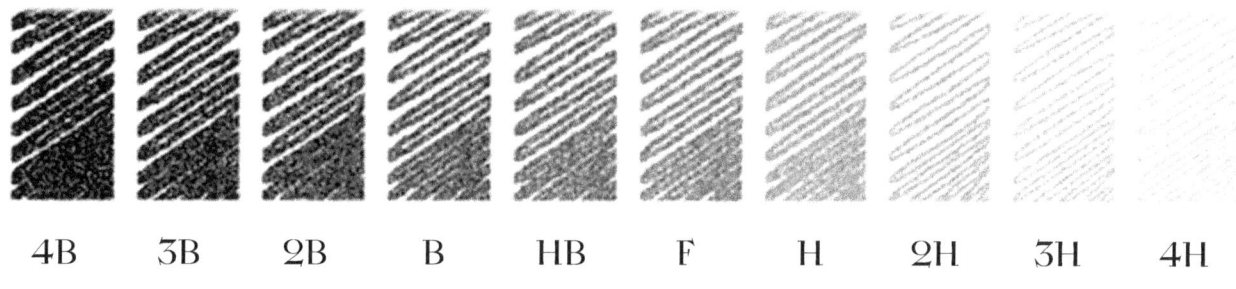

TIPP:

Berücksichtigen Sie die Textur: Papier gibt es in verschiedenen Texturen, von glatt bis rau. Glattes Papier eignet sich hervorragend für detaillierte Arbeiten und scharfe Linien, während strukturiertes Papier Ihren Zeichnungen Tiefe und Charakter verleiht. Experimentieren Sie mit verschiedenen Texturen, um diejenige zu finden, die am besten zu Ihrem Stil passt.

Schraffur auf glattem Papier   Schraffur auf rauem Papier

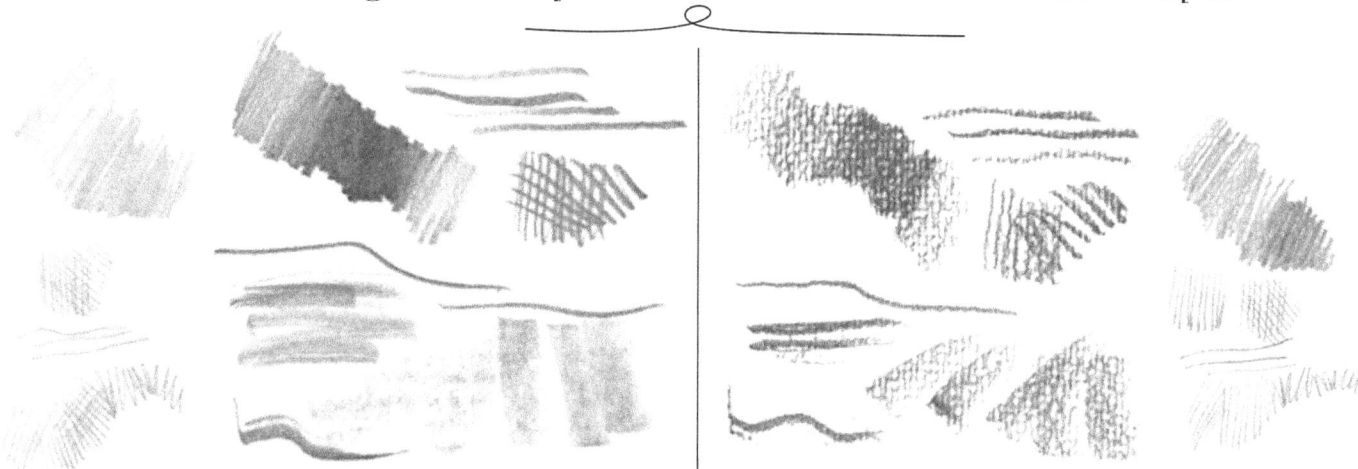

Mit diesen Materialien sind Sie gut gerüstet, um die Herausforderungen des Porträtzeichnens zu meistern. Bleiben Sie geduldig, bleiben Sie neugierig, und genießen Sie vor allem den Prozess, Gesichter auf dem Papier zum Leben zu erwecken. Viel Spaß beim Zeichnen!

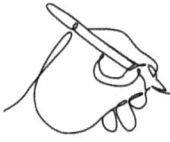
SCHRAFFUR
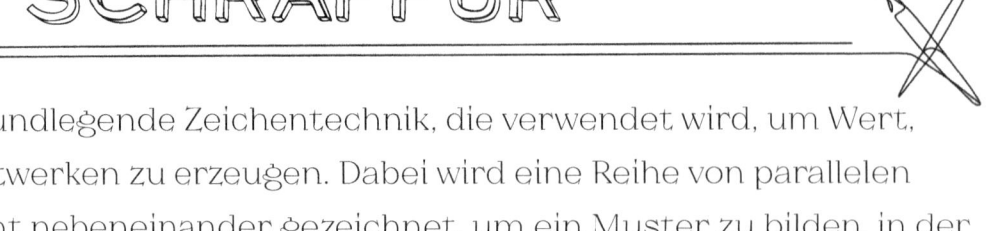

Die Schraffur ist eine grundlegende Zeichentechnik, die verwendet wird, um Wert, Textur und Tiefe in Kunstwerken zu erzeugen. Dabei wird eine Reihe von parallelen Linien oder Strichen dicht nebeneinander gezeichnet, um ein Muster zu bilden, in der Regel in geraden oder gebogenen Linien. Diese Linien überlagern oder kreuzen sich oft und erzeugen je nach Dichte und Abstand dunklere oder hellere Bereiche.

Hier erfahren Sie, warum die Schraffur verwendet wird und wie Sie sie besser gestalten können:

1. Intensität und Schattierung: Schraffuren werden in erster Linie verwendet, um Licht und Schatten in Zeichnungen darzustellen. Durch Variation der Dichte, Länge und Richtung der Schraffuren können Künstler die Illusion von Volumen und Form erzeugen und ihrem Kunstwerk Tiefe und Dimension verleihen.

2. Textur: Schraffuren können auch verwendet werden, um Texturen in Zeichnungen zu erzeugen, z. B. die raue Oberfläche von Holz oder das weiche Fell eines Tieres. Durch Variation der Abstände und des Winkels der Schraffuren können Künstler das Aussehen verschiedener Oberflächen und Materialien nachahmen.

3. Detail und Definition: Die Schraffur ist eine wirksame Technik, um Zeichnungen Details und Definitionen hinzuzufügen. Durch sorgfältiges Übereinanderlegen von Schraffuren können Künstler die Konturen, Kanten und Merkmale von Objekten hervorheben und so ein Gefühl von Realismus und Tiefe erzeugen.

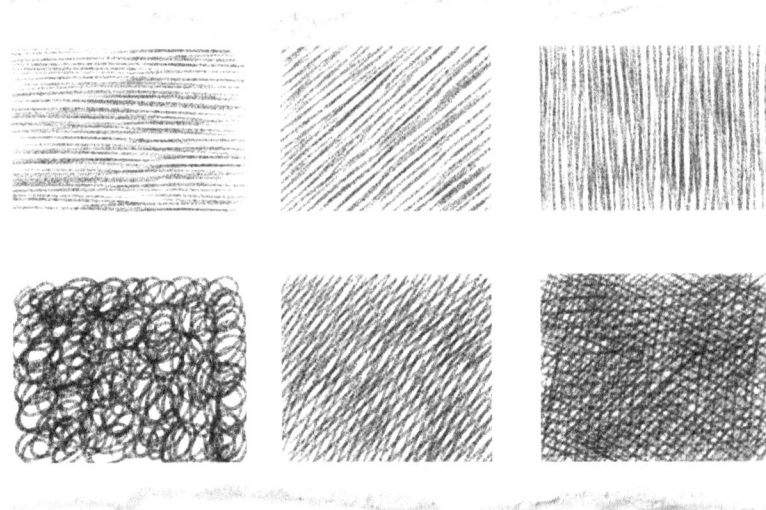

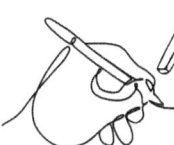
ARTEN VON SCHLÜPFEN

PARALLELE SCHRAFFUR: Dies ist die gebräuchlichste Art der Schraffur, bei der parallele Linien dicht nebeneinander gezeichnet werden, in der Regel in dieselbe Richtung. Die Abstände und die Dichte der Linien bestimmen die Dunkelheit oder Helligkeit des schraffierten Bereichs.

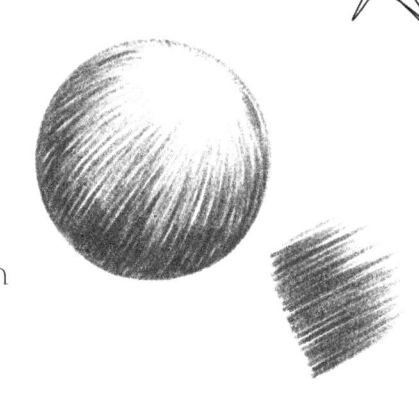

KREUZSCHRAFFUR: Bei der Kreuzschraffur werden mehrere parallele Linien in verschiedenen Richtungen gezeichnet, wodurch ein netzartiges Muster entsteht. Durch die Schichtung der Linien in verschiedenen Winkeln können Künstler dunklere Töne und tiefere Schatten erzielen und ihren Zeichnungen Dimension und Volumen verleihen.

KONTURSCHRAFFUR: Bei der Konturschraffur werden Linien gezeichnet, die den Konturen oder Umrissen des Motivs folgen. Diese Technik hilft, die Form und Gestalt von Objekten zu definieren und ihre dreidimensionalen Qualitäten zu betonen

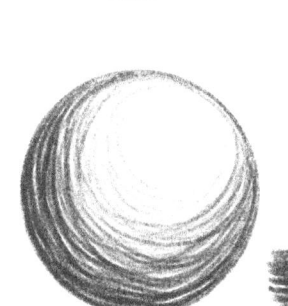

VERWISCHEN: Das Verwischen ermöglicht es Künstlern, Linien, Töne und Texturen zu vermischen und zu mildern. Durch sanftes Verreiben oder Verwischen von Zeichenmedien wie Graphit oder Kohle können Sie weiche Übergänge zwischen Licht- und Schattenbereichen schaffen und harte Kanten abmildern.

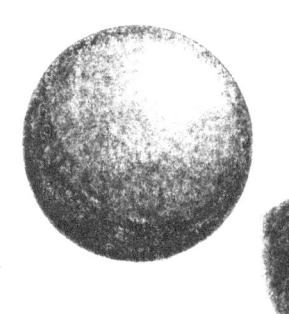

TUPFEN: Bei der Tüpfelung handelt es sich nicht um eine Schraffur im eigentlichen Sinne, sondern um die Erzeugung von Schattierungen und Texturen durch die Verwendung von Punkten anstelle von Linien. Durch Variation der Dichte und der Abstände der Punkte können Künstler eine breite Palette von Farbtönen und Effekten erzielen, von subtilen Farbverläufen bis hin zu komplizierten Mustern.

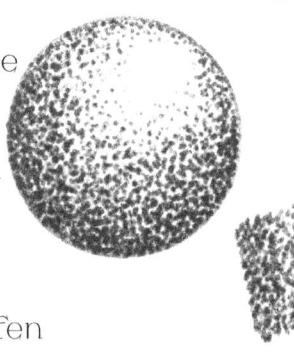

ÜBUNG

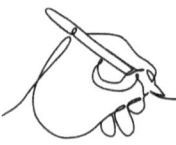
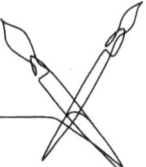

In dieser Übung werden wir in die Kunst der Linienführung eintauchen, indem wir mit verschiedenen Schraffurtechniken und Variationen der Intensität experimentieren.

1. Wählen Sie Ihr Zeichenmedium und Ihre Werkzeuge.
2. Experimentieren Sie mit Schraffurtechniken: Parallel-, Kreuz-, Kontur- und Stipplinien.
3. Variieren Sie die Intensität der Linien von fett bis zart, indem Sie den Druck anpassen.

Erforschen und experimentieren Sie ruhig!

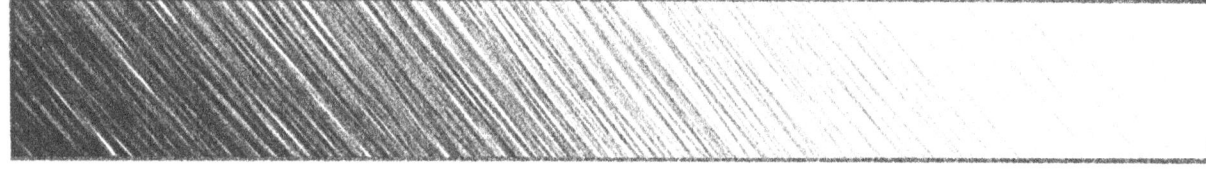

Schraffur

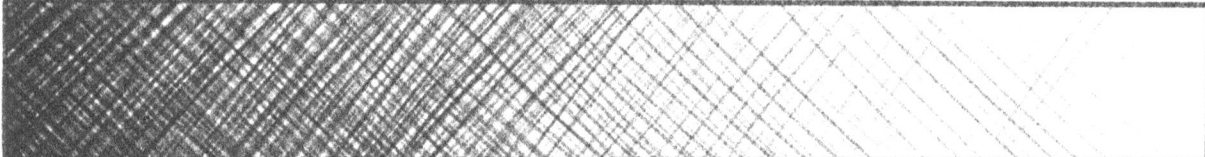

Kreuzschraffur

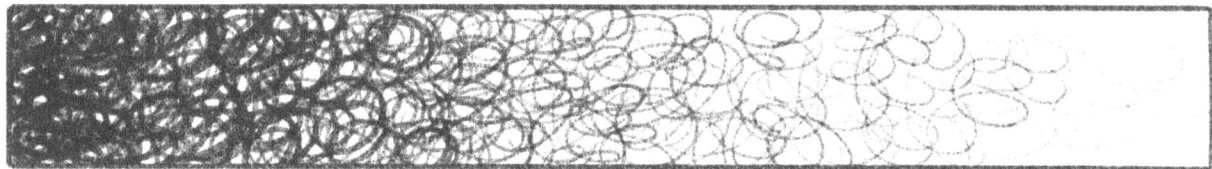

Lose Linie

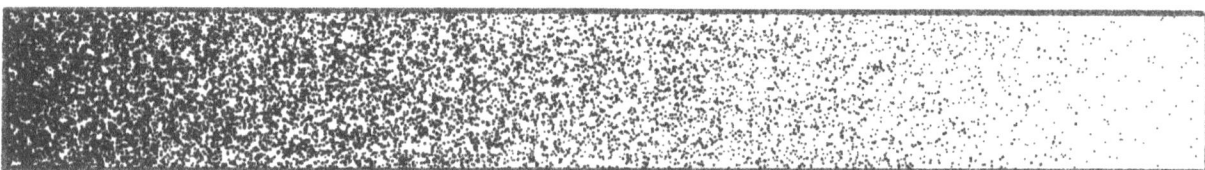

Tupfen

Verschmieren

ÜBUNG

Lassen Sie uns in die Schraffur einer einfachen Form eintauchen. Beginnen Sie mit einem Kreis und verwenden Sie verschiedene Schraffurtechniken, um diesem eine Dimension zu verleihen. Hier ist ein Beispiel, das Sie anleitet!

Schraffur

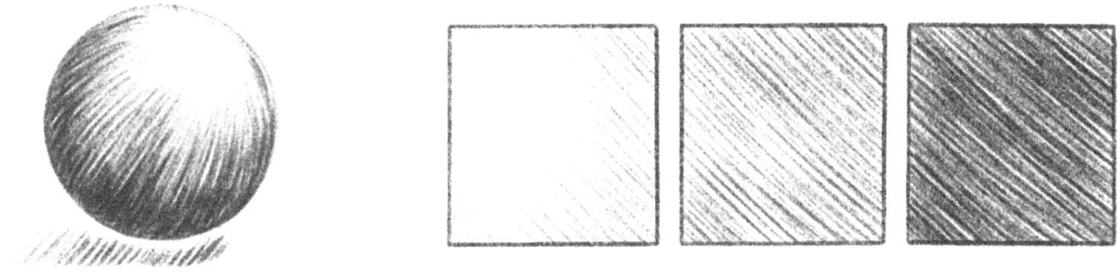

Kreuzschraffur

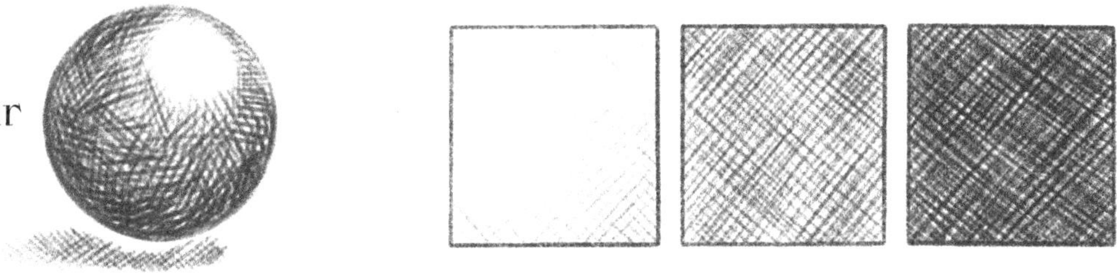

Kontur

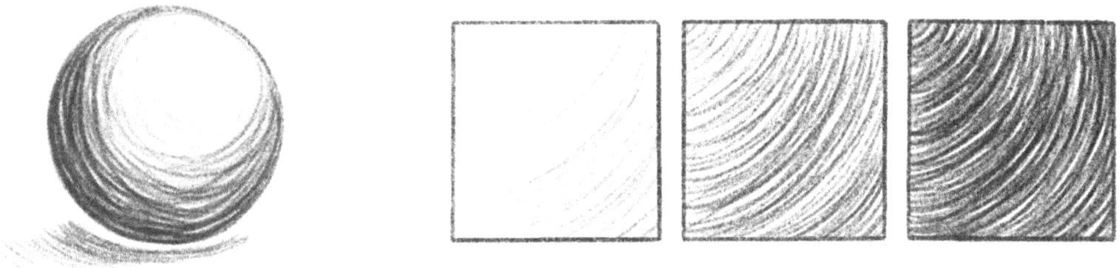

Tüpfeln

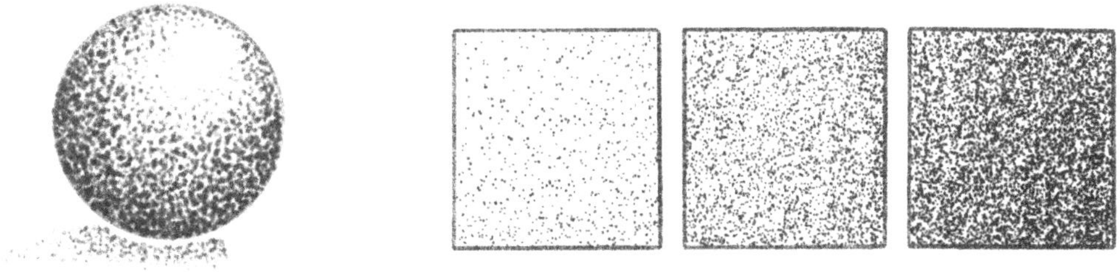

Lose Linie

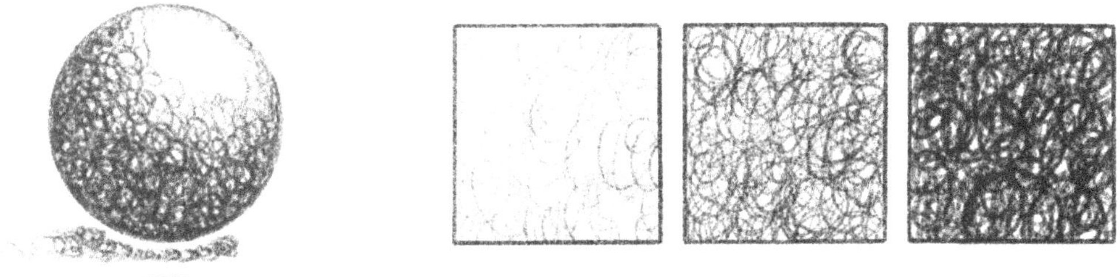

Verschmieren

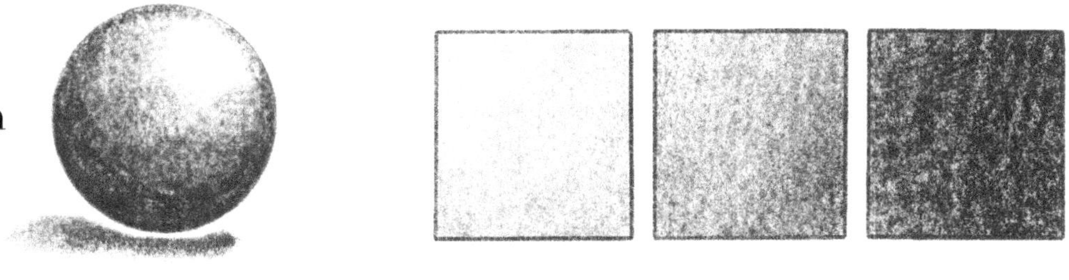

LICHT UND SCHATTEN

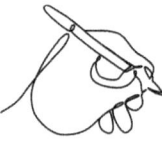
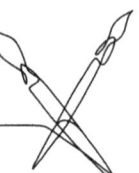

Licht und Schatten spielen eine entscheidende Rolle bei der Schaffung von Tiefe, Volumen und Realismus in Kunstwerken. Sie liefern wichtige visuelle Anhaltspunkte, die dem Betrachter Form, Textur und Stimmung vermitteln.

Licht beleuchtet Objekte, hebt ihre Oberflächen hervor und definiert ihre Konturen. Schatten hingegen entstehen dort, wo das Licht behindert oder blockiert wird, wodurch dunkle und kontrastreiche Bereiche entstehen. Licht und Schatten arbeiten zusammen, um das dreidimensionale Erscheinungsbild von Objekten zu formen und ihnen auf der Seite Gewicht, Präsenz und Glaubwürdigkeit zu verleihen.

Schauen wir uns das folgende Beispiel an!

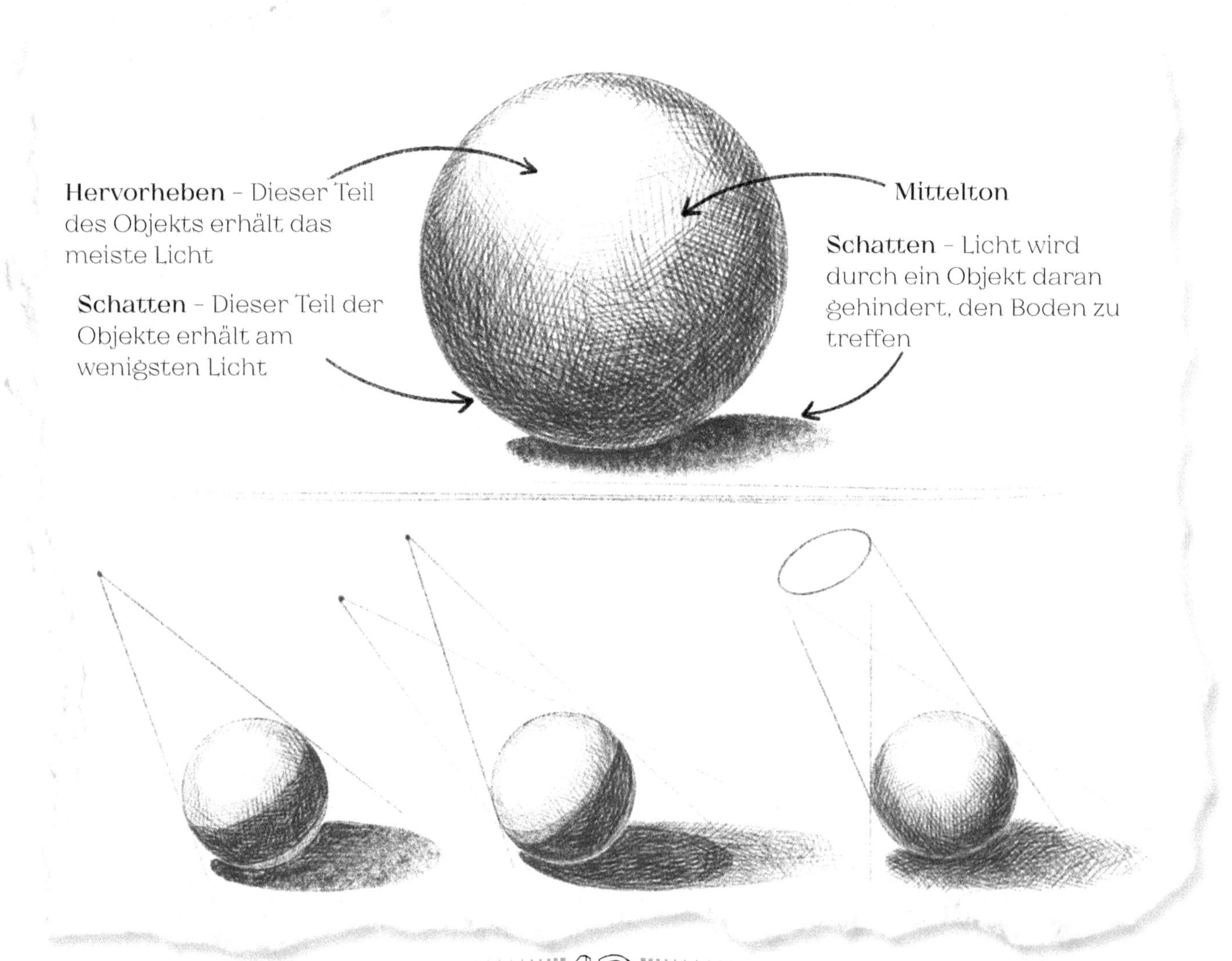

Hervorheben – Dieser Teil des Objekts erhält das meiste Licht

Mittelton

Schatten – Dieser Teil der Objekte erhält am wenigsten Licht

Schatten – Licht wird durch ein Objekt daran gehindert, den Boden zu treffen

TIPPS: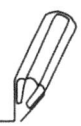

1. **BEOBACHTEN:** Beginnen Sie damit, Ihr Motiv sorgfältig zu beobachten und zu analysieren, wie das Licht auf seine Oberflächen fällt. Achten Sie auf die Richtung, Intensität und Qualität des Lichts sowie auf die Form der Schatten.

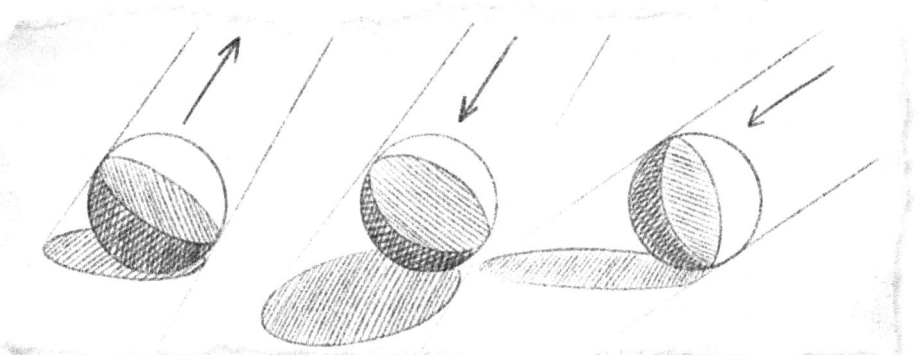

2. **SKIZZIEREN SIE DIE FORM:** Beginnen Sie damit, die grundlegenden Umrisse und Formen Ihres Motivs zu skizzieren, indem Sie leichte, lockere Striche verwenden. Konzentrieren Sie sich darauf, die Gesamtform und die Proportionen sowie alle wichtigen Licht- und Schattenbereiche zu erfassen.

3. **IDENTIFIZIEREN SIE DIE LICHTQUELLEN:** Bestimmen Sie die primäre(n) Lichtquelle(n) und deren Richtung.

4. **GRUNDTÖNE EINBLENDEN:** Beginnen Sie mit dem Blockieren der grundlegenden Licht- und Schattenbereiche unter Verwendung von Mitteltönen. Verwenden Sie Lichtdruck, um weiche, gleichmäßige Schattierungen zu erzeugen und die Formen und das Volumen Ihres Motivs allmählich aufzubauen.

5. **KERNSCHATTEN FESTLEGEN:** Bestimmen Sie die Kernschattenbereiche - die dunkelsten Teile des Schattens.

6. **LICHTER HINZUFÜGEN:** Bestimmen Sie die Bereiche Ihres Motivs, die direkt auf die Lichtquelle(n) gerichtet sind, und fügen Sie entsprechend Lichter hinzu.

7. **VERFEINERN UND DETAILLIEREN:** Verfeinern Sie Ihre Zeichnung allmählich, indem Sie den Oberflächen Ihres Motivs mehr Details und Textur verleihen. Verwenden Sie die erlernten Schraffurtechniken!

EINFACHE FORMULARE

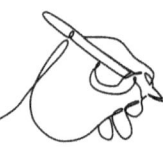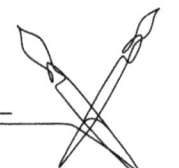

Konzentrieren wir uns darauf, das Zeichnen und Beobachten einfacher Formen zu üben!

Das Zeichnen einfacher Formen ist sehr wichtig, um besser zeichnen zu können. Es hilft uns, die Grundlagen von Licht, Schatten und Form zu verstehen. Aber warum ist das so wichtig?

Nun, das Zeichnen einfacher Formen schult unsere Augen, die Welt in Form von Grundformen zu sehen. Diese Fähigkeit ist entscheidend, weil sie uns hilft, komplexe Objekte in einfachere Teile zu zerlegen.

Komplexe Objekte bestehen oft nur aus einer Reihe einfacher Formen, die auf unterschiedliche Weise zusammengesetzt sind. Indem wir üben, einfache Formen zu zeichnen, lernen wir, diese grundlegenden Teile in komplizierten Dingen zu erkennen. Das macht es viel einfacher, sie zu verstehen und genau zu zeichnen.

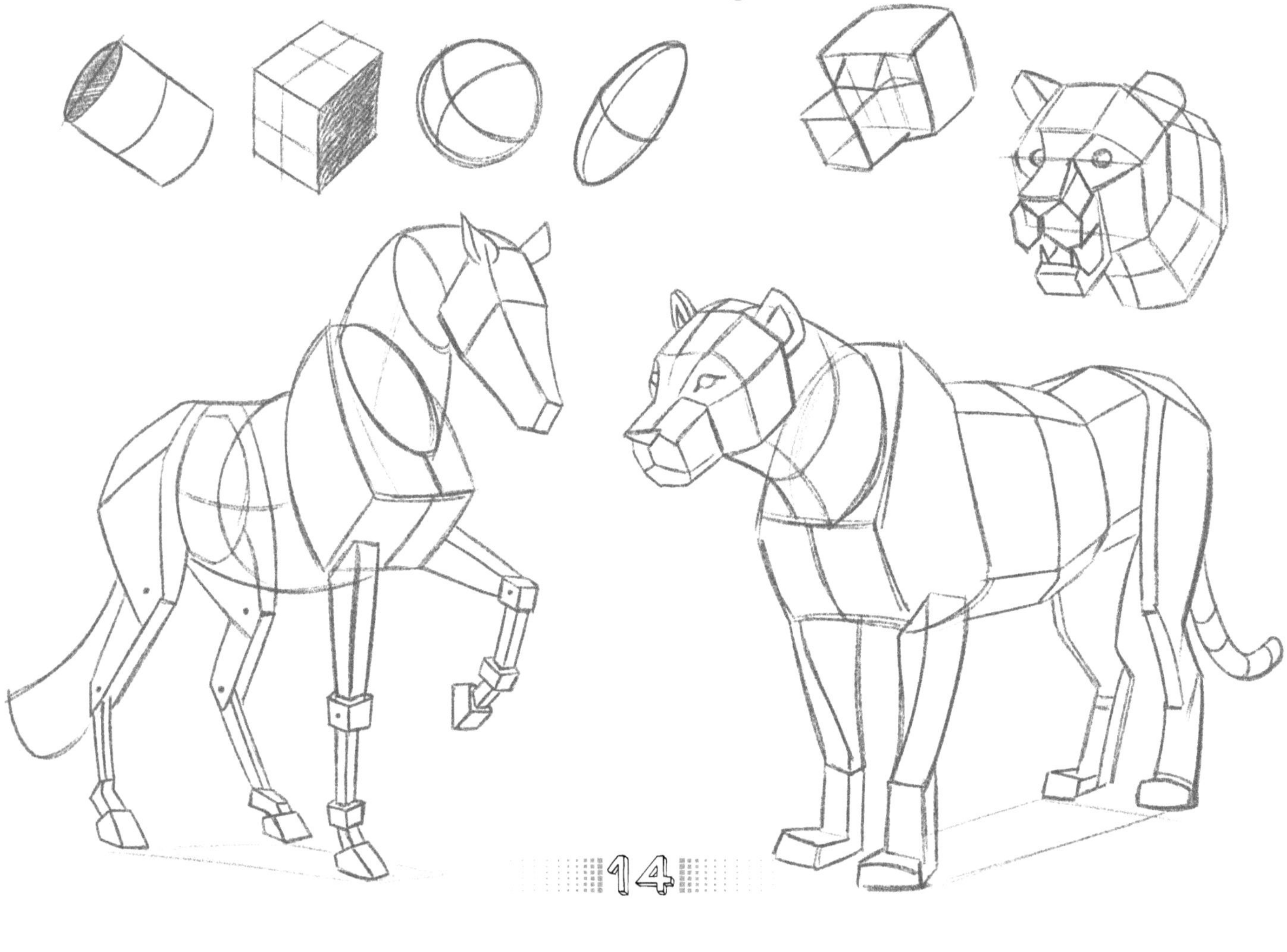

WÜRFEL

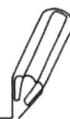

Lassen Sie uns mehr darüber erfahren! Hier sind die Tutorials für Sie zu üben!

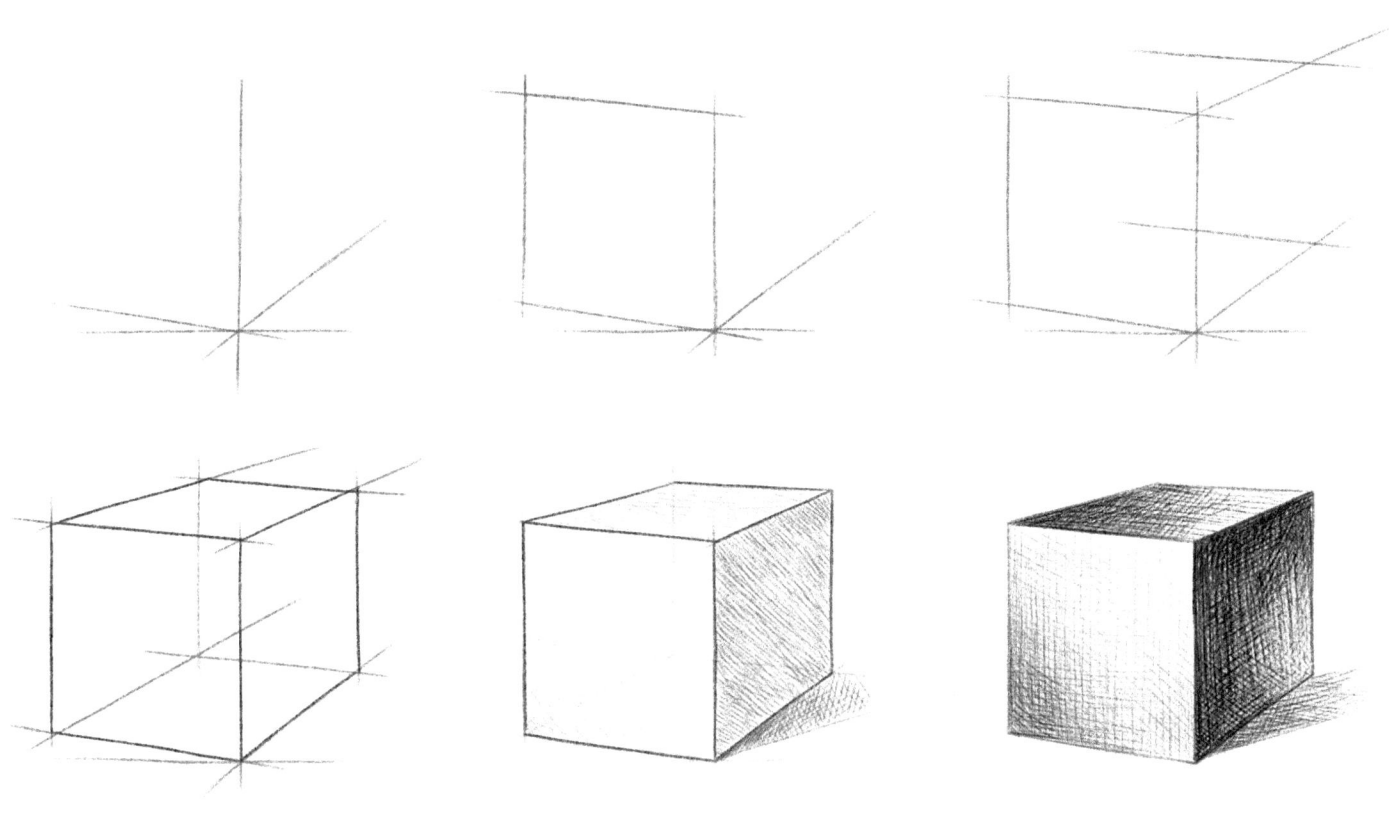

EINIGE OBJEKTE BASIEREN AUF DER FORM EINES WÜRFELS:

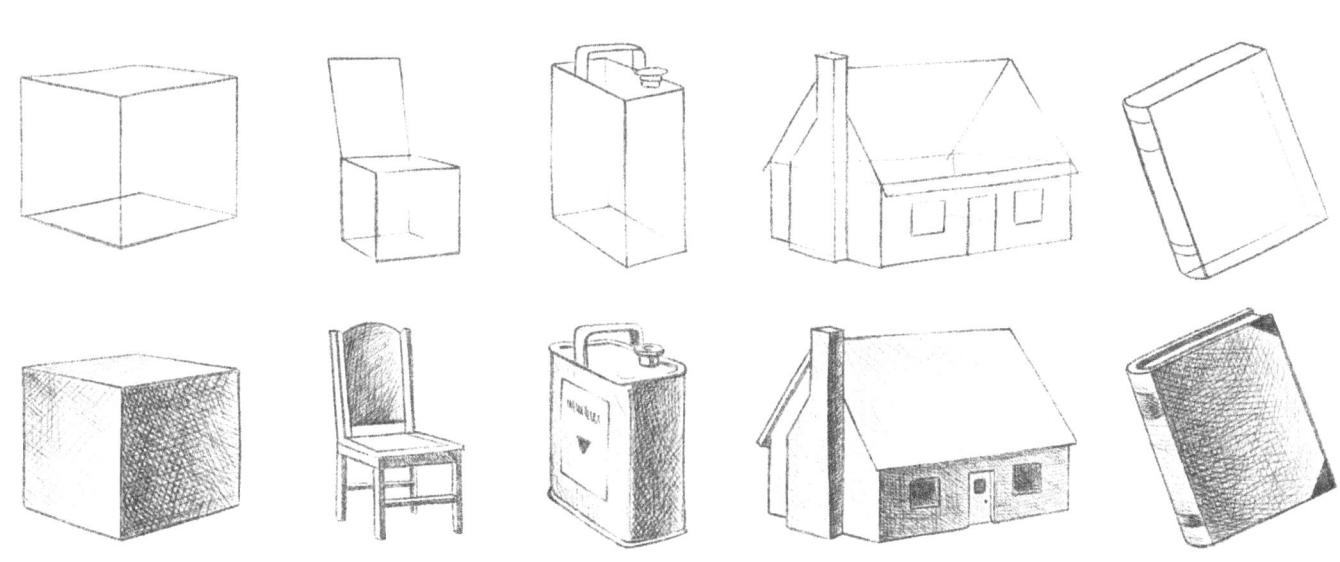

15

KUGEL

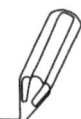

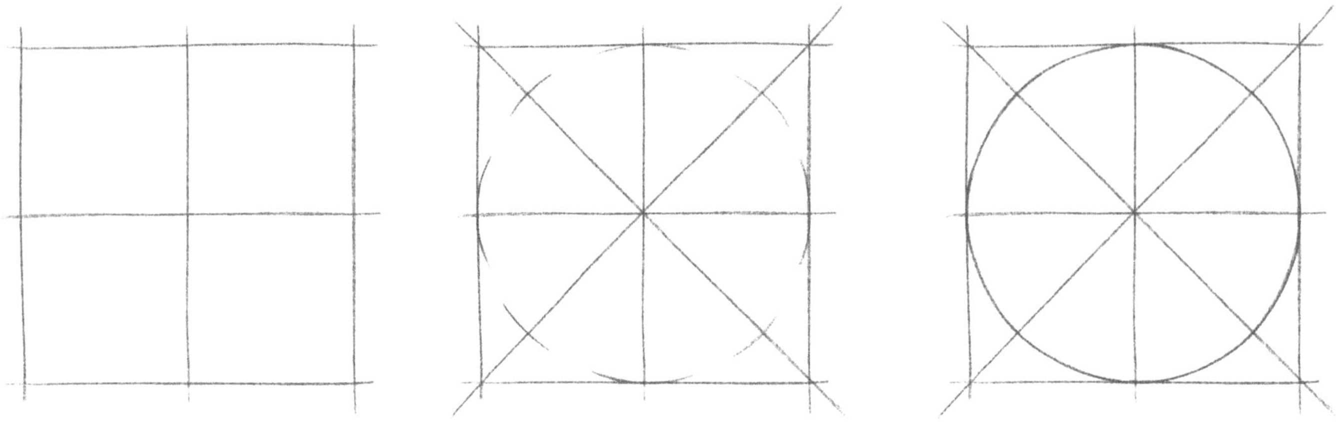

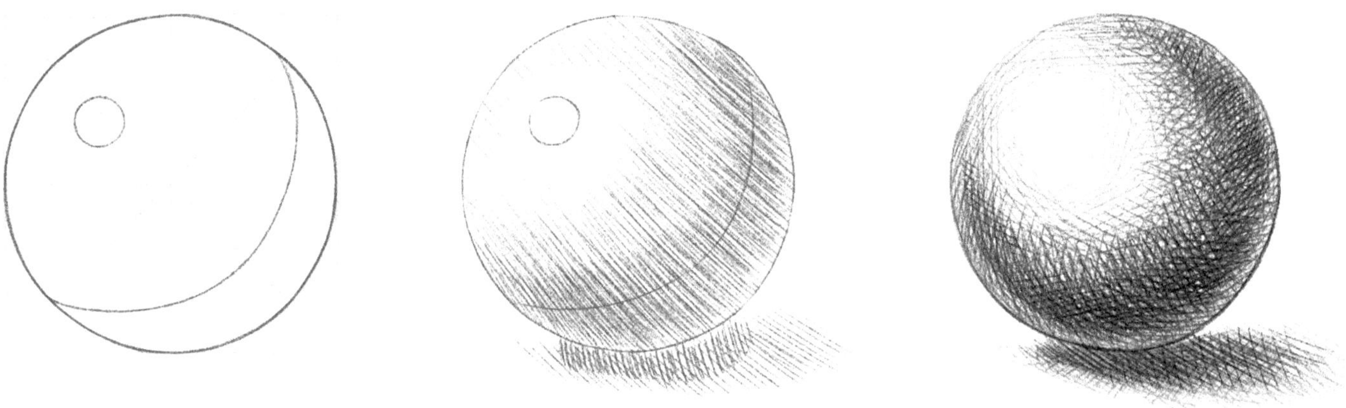

EINIGE OBJEKTE BASIEREN AUF DER FORM EINER KUGEL:

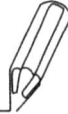

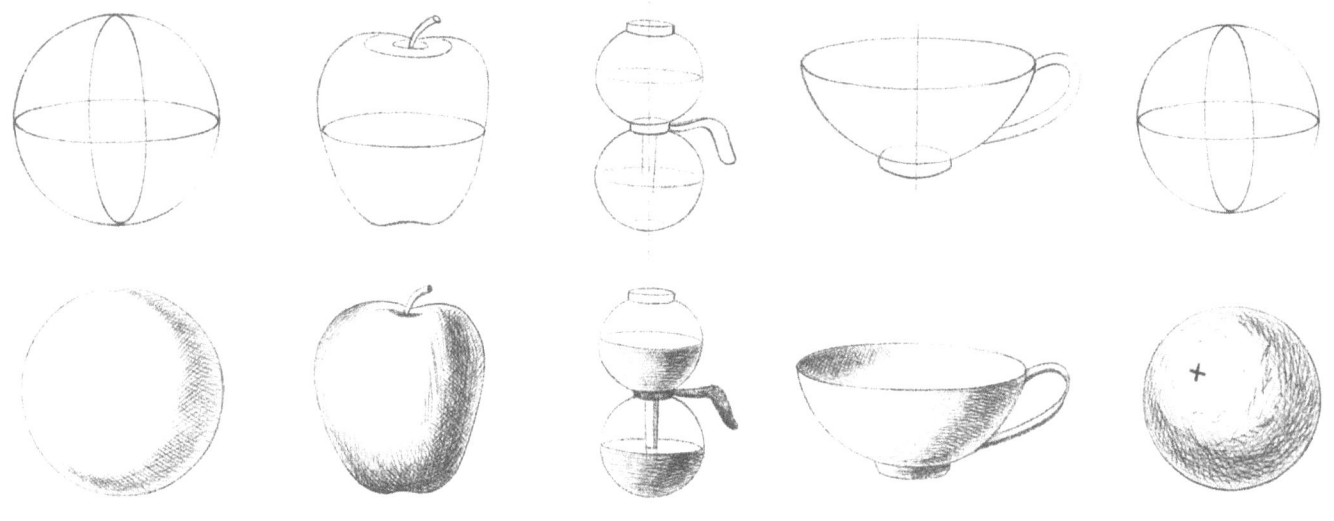

KEGEL

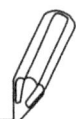

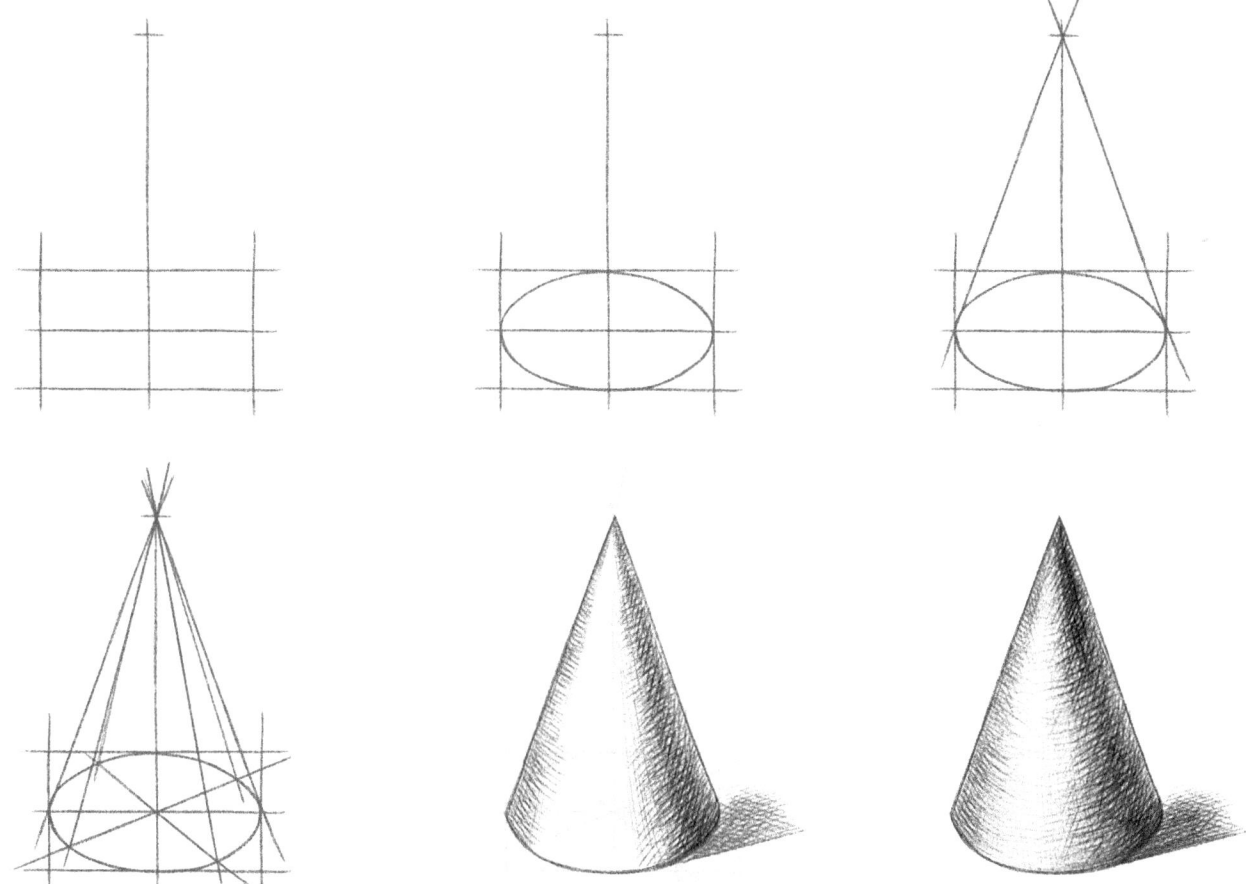

EINIGE OBJEKTE BASIEREN AUF DER FORM EINES KEGELS:

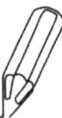

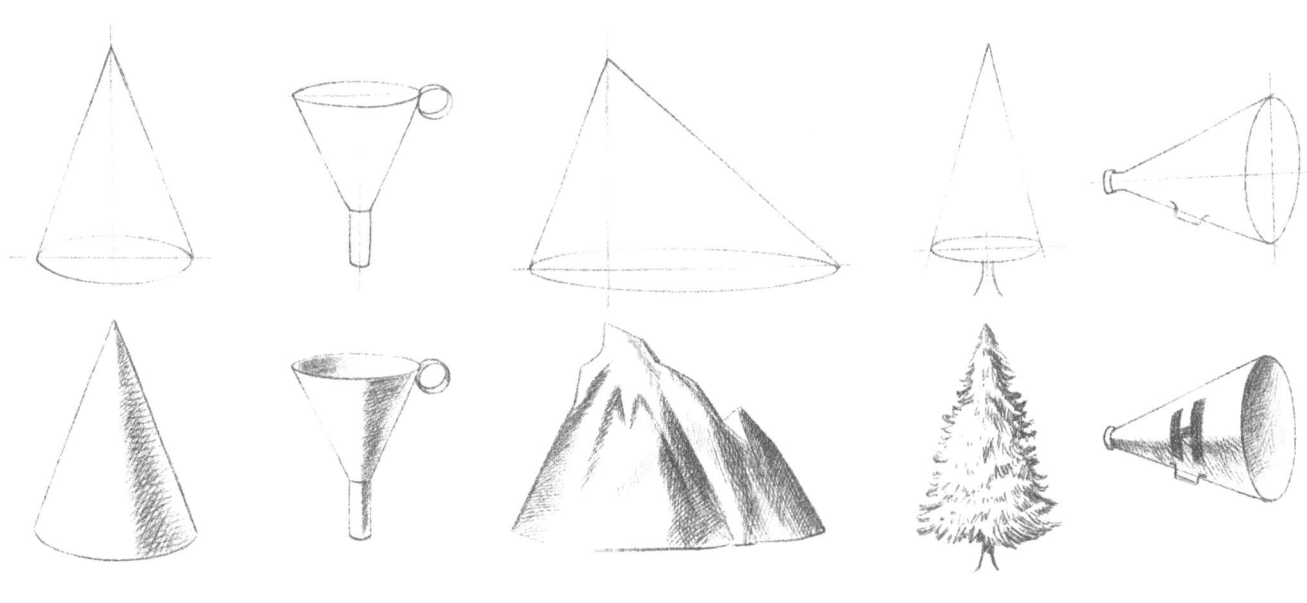

ZYLINDER

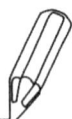

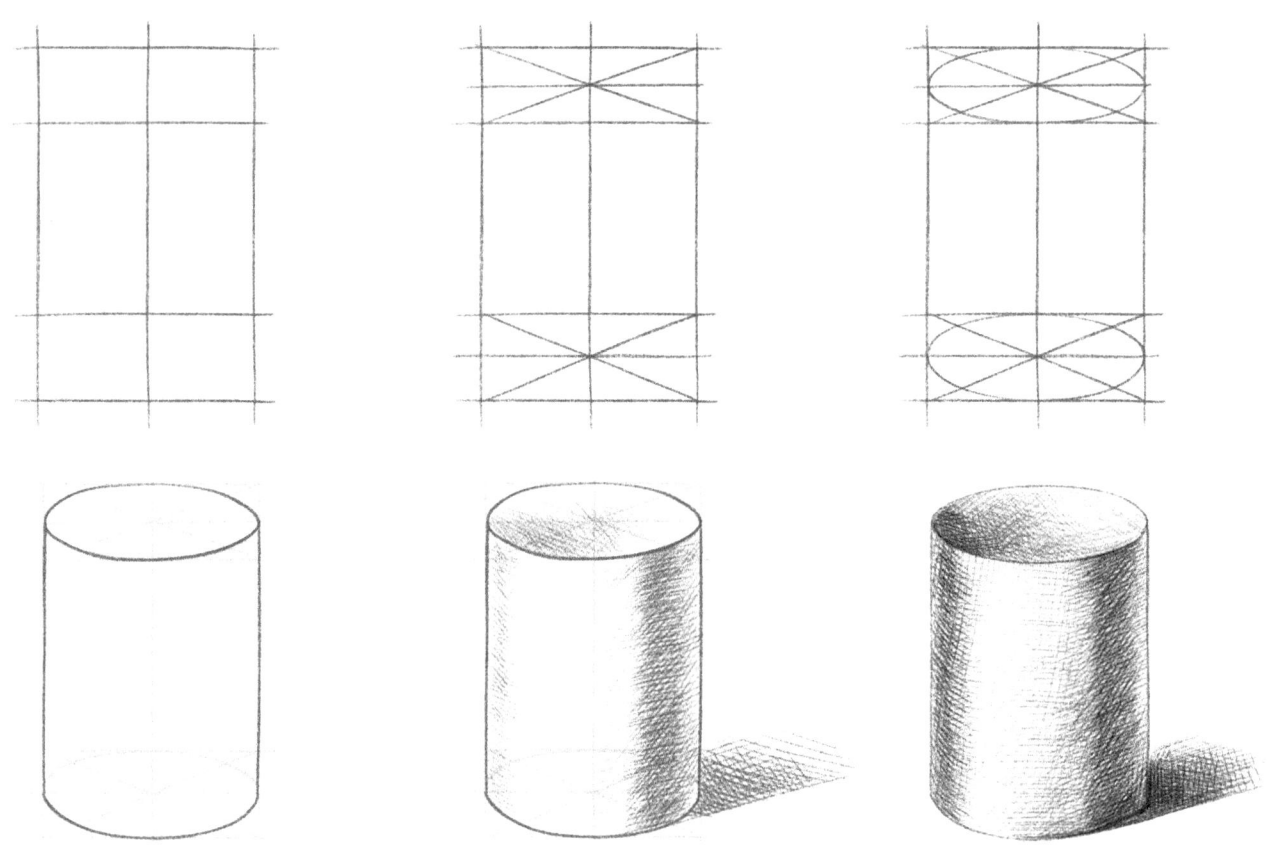

EINIGE OBJEKTE BASIEREN AUF DER FORM EINES ZYLINDERS:

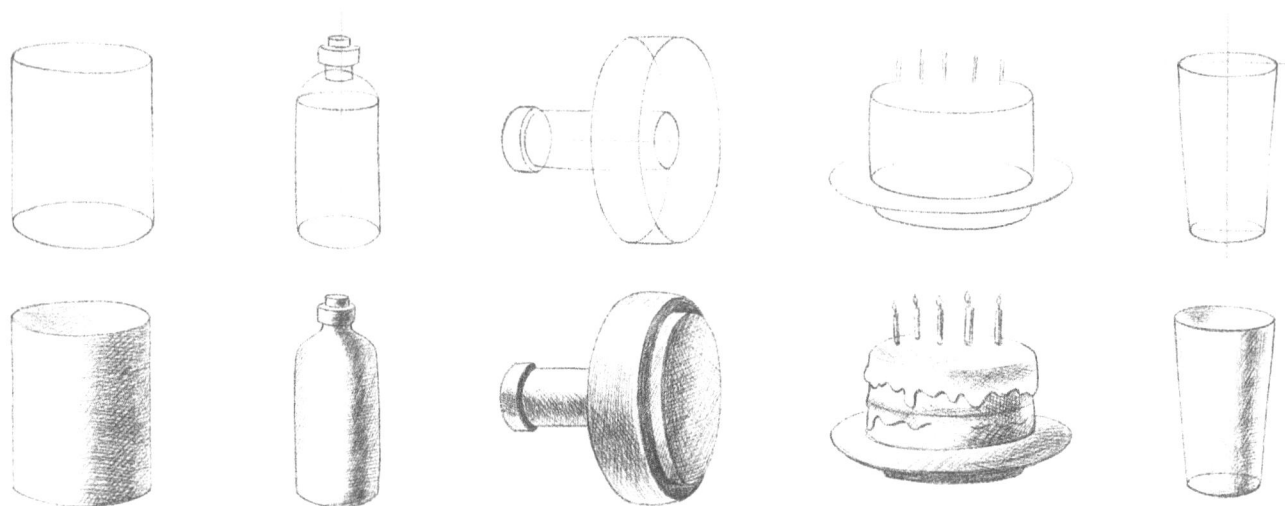

PYRAMIDE

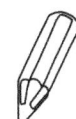

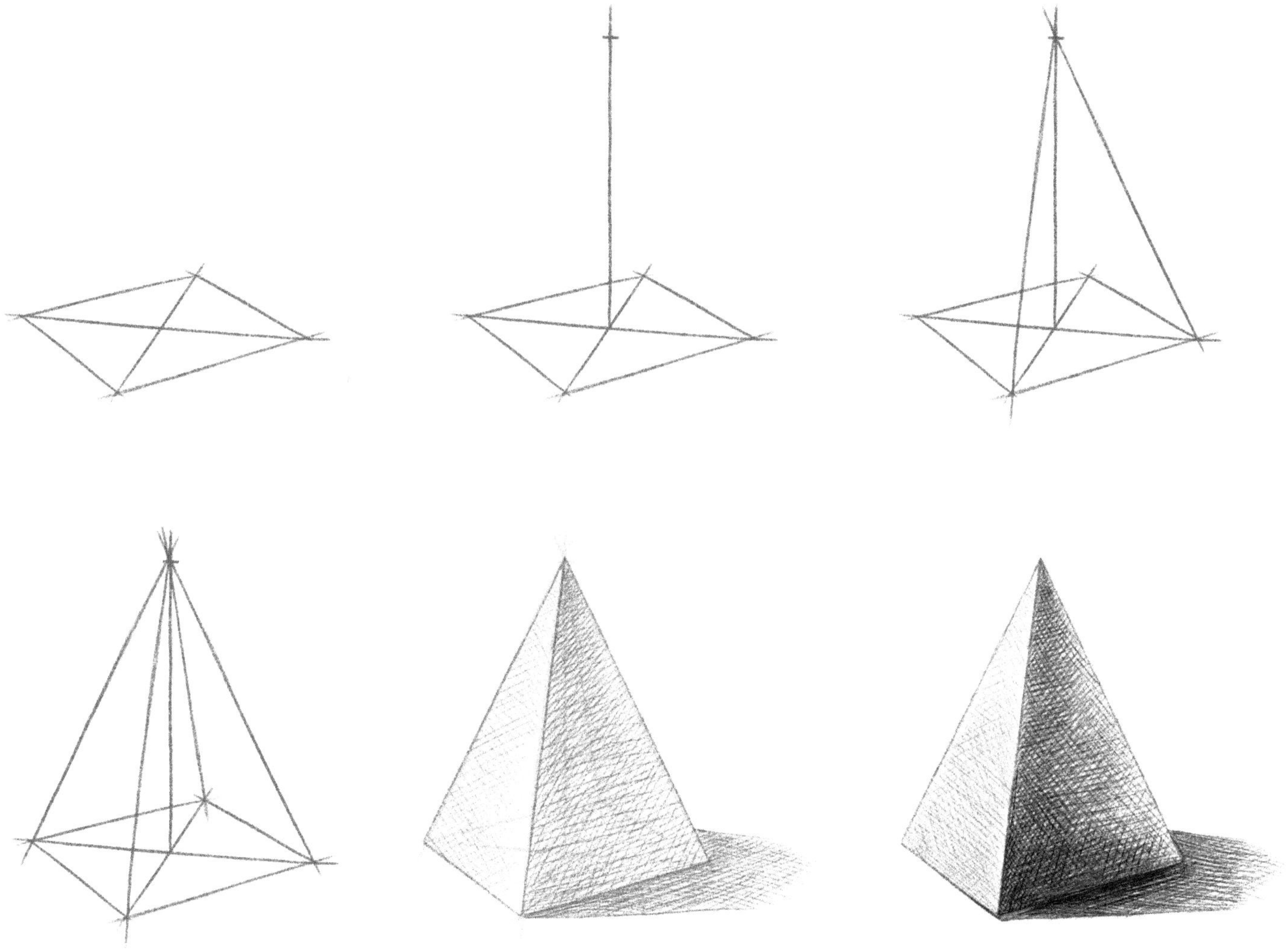

ÜBUNG

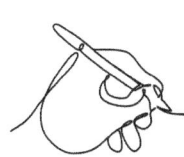
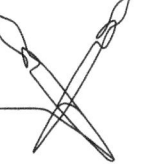

Hier ist eine Aufgabe für dich! Nimm dir einen Moment Zeit, um deine Umgebung zu beobachten und Objekte zu identifizieren, die auf der Grundlage der Form einer Pyramide gezeichnet werden können.

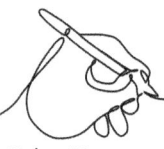

ZUSAMMENSETZUNG

Die Komposition ist die Art und Weise, wie die Objekte und Themen, die Sie zeichnen wollen, angeordnet, organisiert und kombiniert werden. Die Komposition kann sich auch auf die Art und Weise beziehen, wie Sie die Dinge in Ihrem Kopf organisieren und anordnen, bevor Sie zeichnen. Die Beherrschung der Komposition ist von grundlegender Bedeutung für die Schaffung visuell überzeugender und harmonischer Kunstwerke. Eine gut komponierte Zeichnung fesselt die Aufmerksamkeit des Betrachters, lenkt seinen Blick durch das Kunstwerk und vermittelt die beabsichtigte Botschaft des Künstlers effektiv.

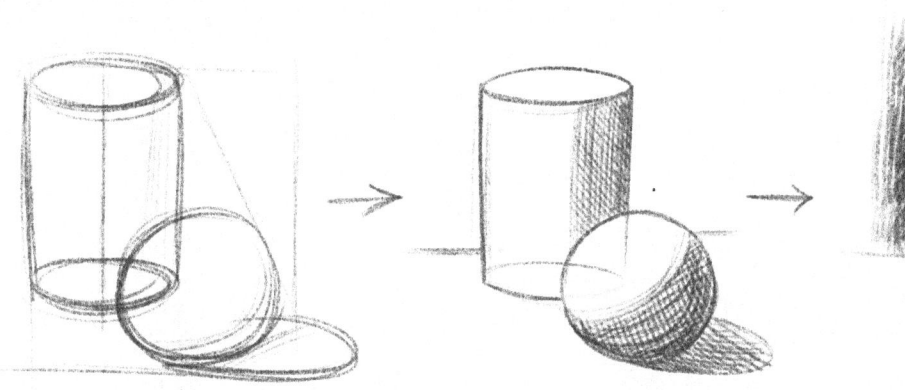

Die Proportionen von Gegenständen grob zu bestimmen.

Verfeinern Sie die Formen, markieren Sie die Umrisse der Schattenbereiche.

Vervollständigen Sie die Modellierung der Formulare durch das Verteilen von Tönen.

TIPPS:

1. BERÜCKSICHTIGEN SIE DIE DRITTEL-REGEL: Unterteilen Sie Ihre Zeichenfläche sowohl horizontal als auch vertikal in Drittel. Positionieren Sie Schlüsselelemente entlang dieser Linien oder an deren Schnittpunkten, um ein Gleichgewicht und visuelles Interesse zu schaffen.

2. EINEN FOKUSPUNKT SETZEN: Bestimmen Sie das Hauptmotiv oder den Fokuspunkt Ihrer Zeichnung und positionieren Sie es prominent in der Komposition. Verwenden Sie Kontrast, Größe oder Platzierung, um das Auge des Betrachters auf diesen Brennpunkt zu lenken.

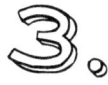 **AUSGEWOGENE ELEMENTE:** Streben Sie nach Ausgewogenheit in Ihrer Komposition, indem Sie das visuelle Gewicht gleichmäßig über die gesamte Zeichnung verteilen. Vermeiden Sie es, alle Elemente auf einer Seite oder in einer Ecke zu platzieren, da dies die Komposition unausgewogen und instabil erscheinen lassen kann.

 NUTZEN SIE DEN NEGATIVRAUM: Vernachlässigen Sie nicht die Bedeutung des Negativraums in Ihrer Komposition. Verwenden Sie leere Bereiche strategisch, um den Fokus auf Ihr Motiv zu verstärken und ein visuelles Gleichgewicht zu schaffen.

Warum ist die Komposition beim Zeichnen von Porträts so wichtig?
Porträts können sich aufgrund ihrer Komposition erheblich unterscheiden, da die Komposition bestimmt, wie das Motiv im Kunstwerk dargestellt wird. Sie dient als stiller Dirigent, der die Symphonie eines Porträts orchestriert und das Auge des Betrachters durch eine fesselnde Erzählung von Emotionen, Persönlichkeit und Tiefe führt.

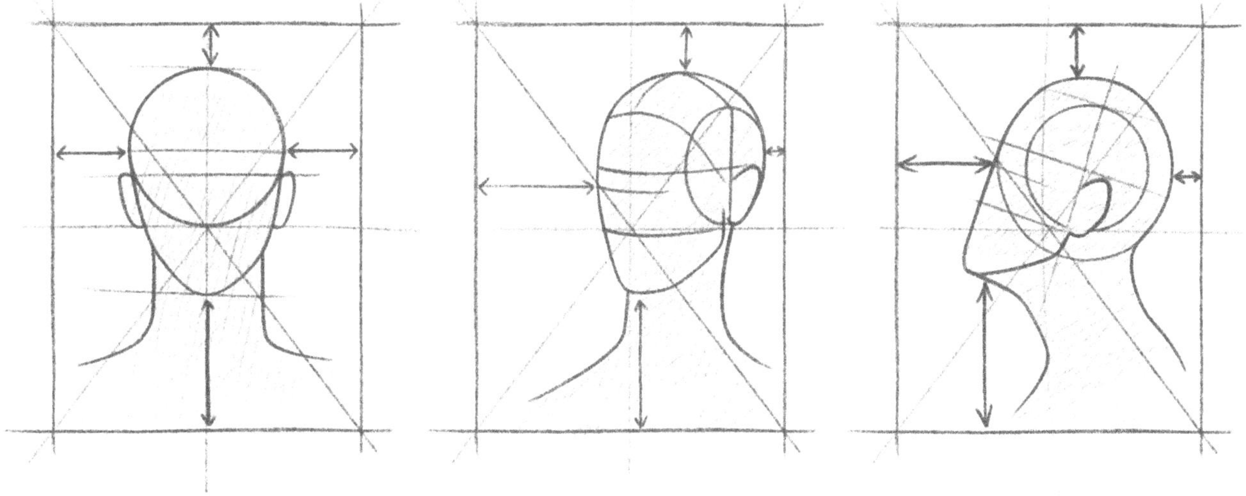

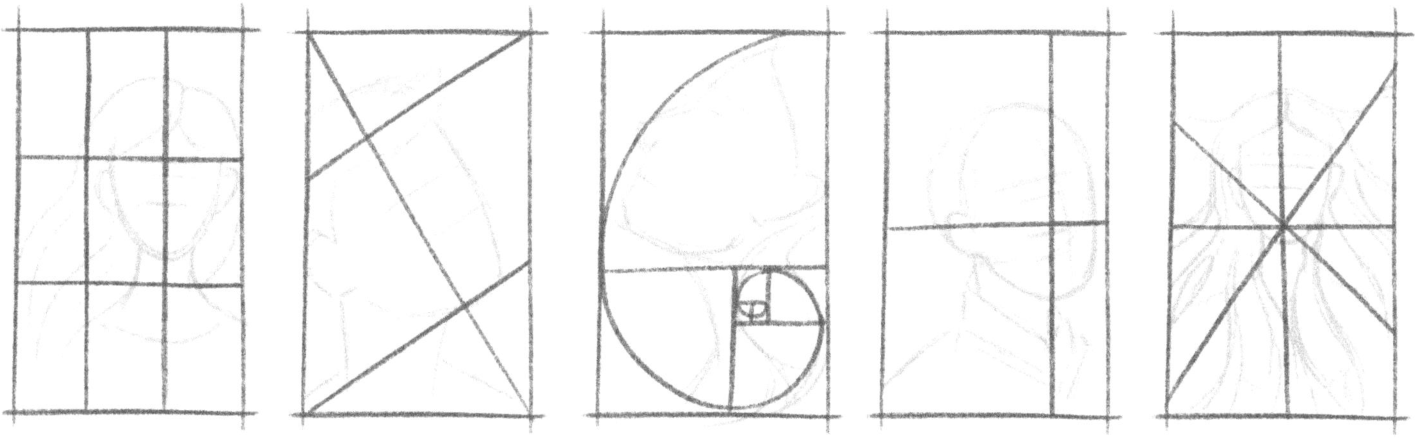

Zeichnen Sie mit den soeben erworbenen Fähigkeiten die vorgegebenen Kompositionen, indem Sie die Anleitungen befolgen.

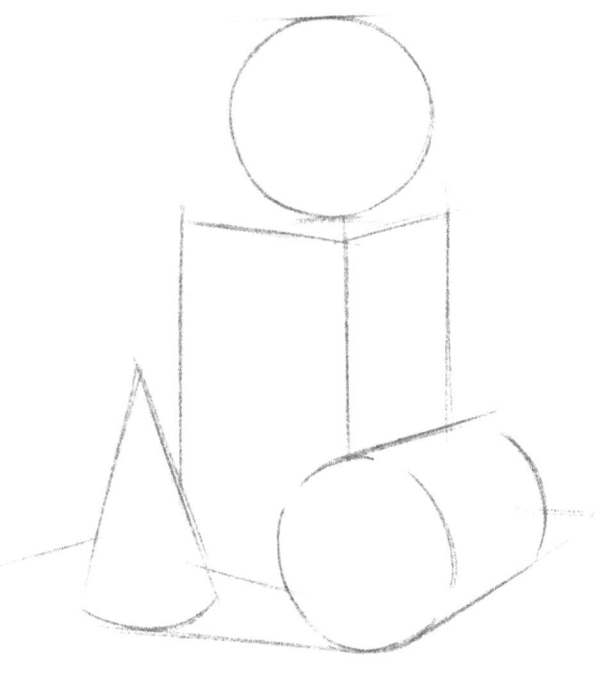
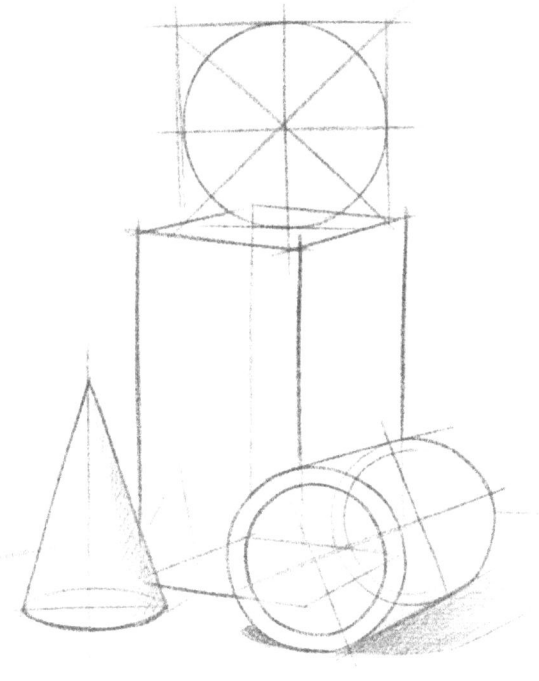
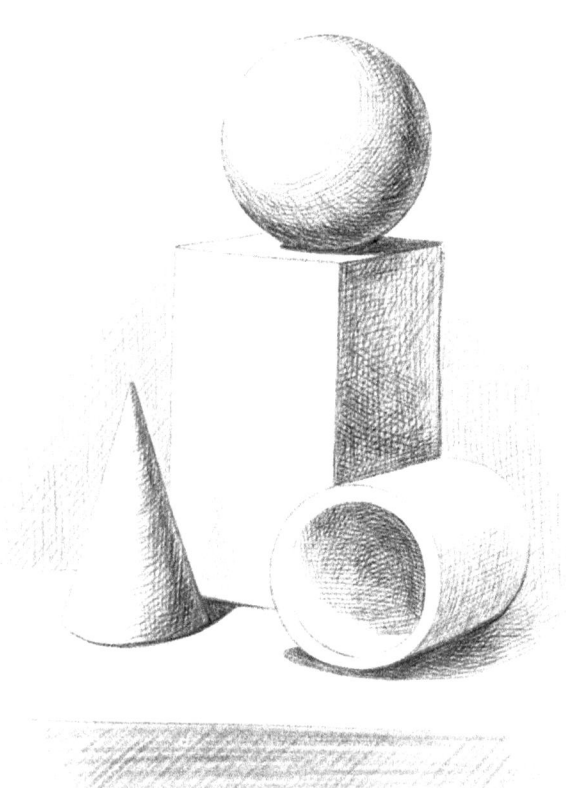
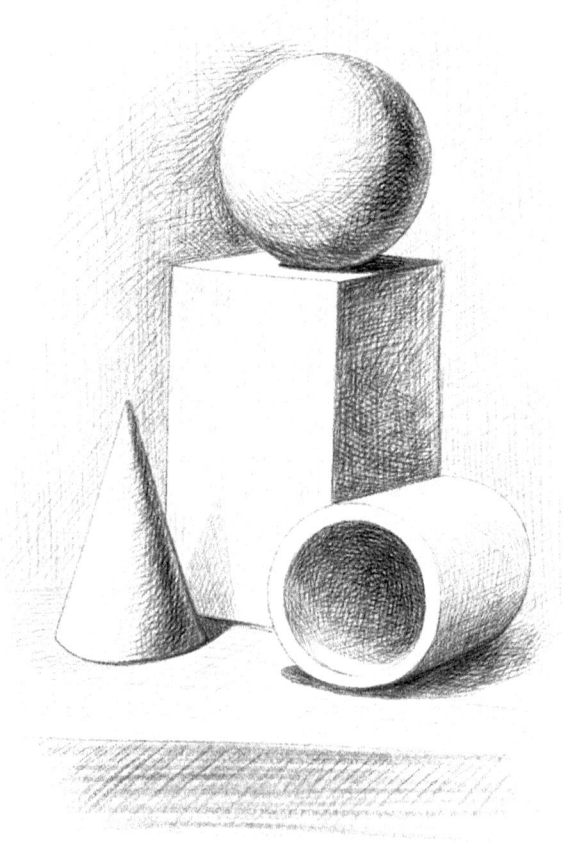

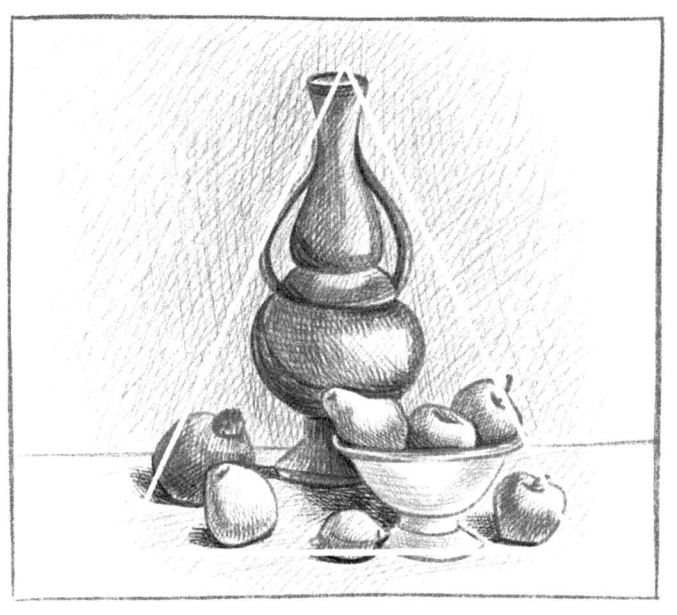
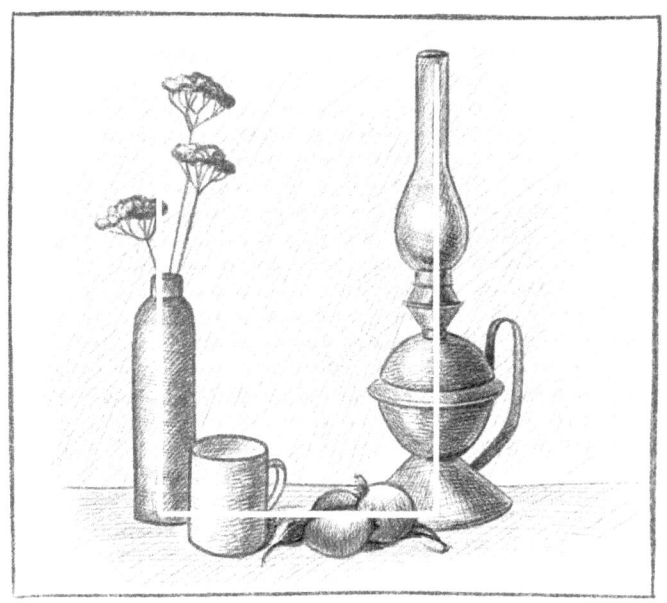
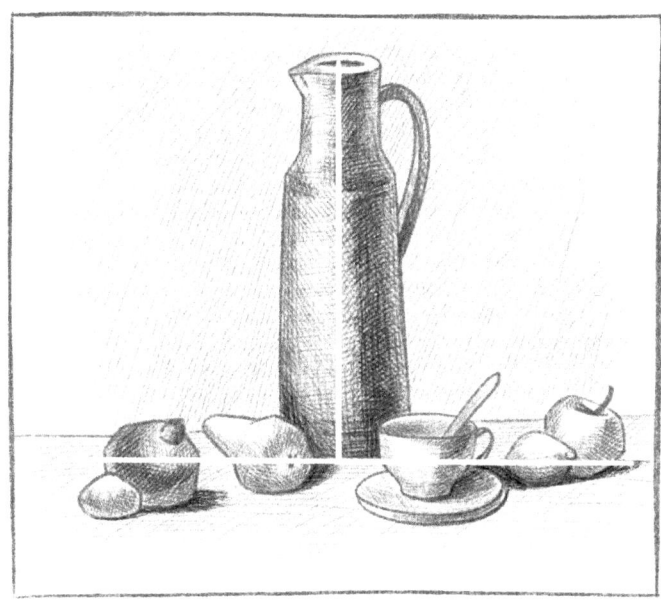
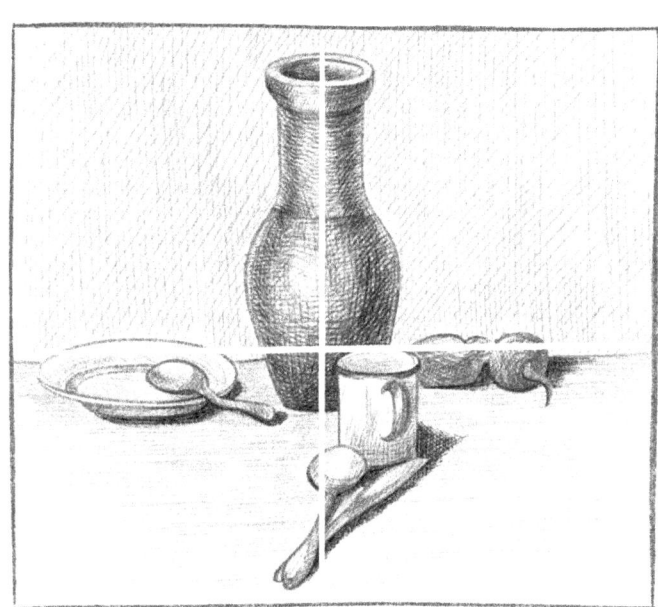
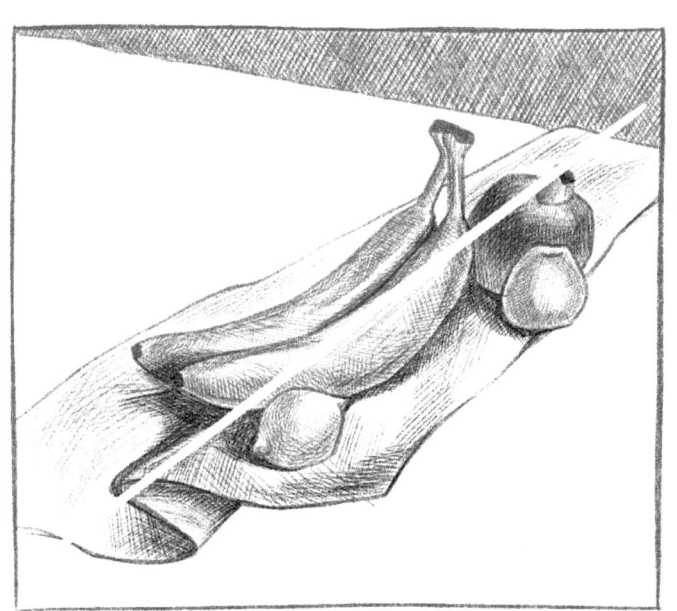
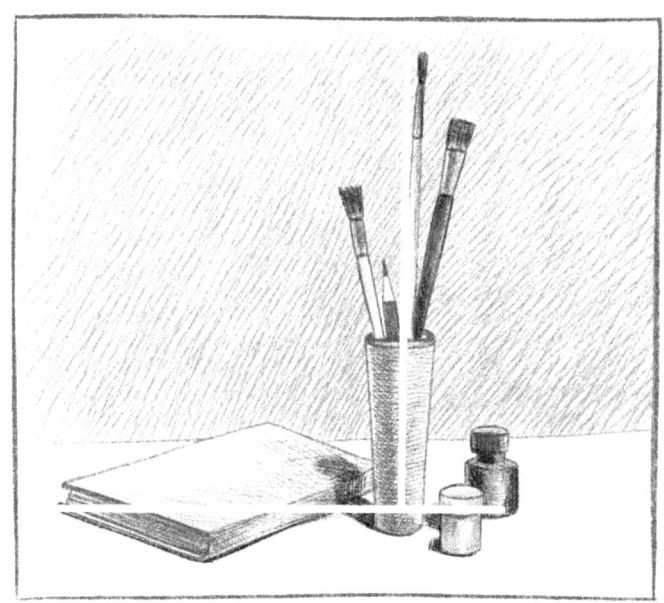

PERSPEKTIVEN

Unsere Wahrnehmung der Welt um uns herum ist eng mit den Prinzipien der Perspektive verbunden. Im Bereich des Zeichnens ist die Perspektive ein mächtiges Werkzeug, um die Illusion eines dreidimensionalen Raums zu erzeugen. Die Einhaltung der perspektivischen Regeln ist für die Erstellung von Zeichnungen, die lebensecht und glaubwürdig wirken, unerlässlich. Einfach ausgedrückt, verleiht die Perspektive einem Kunstwerk Tiefe, Dimension und räumliche Beziehungen, was zu einer realistischen Darstellung führt.

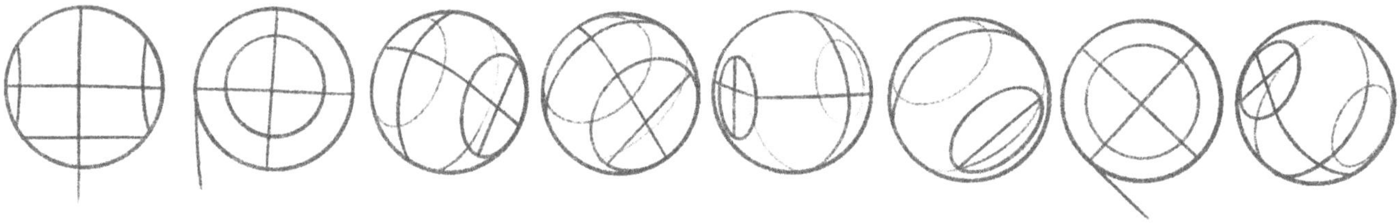

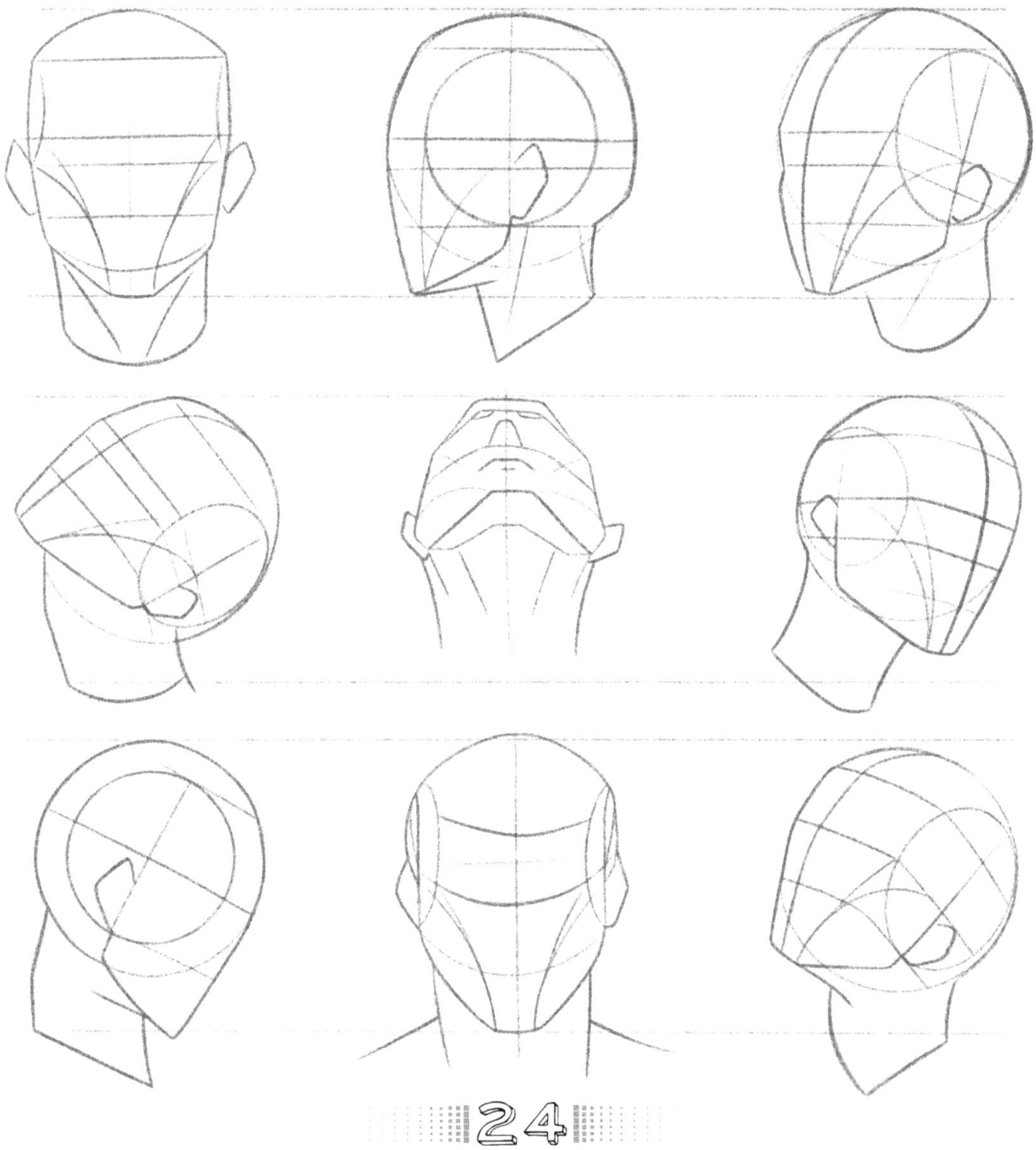

Durch die Manipulation der Perspektive können Künstler ein Gefühl für die Form und den Abstand zwischen den Objekten vermitteln und dafür sorgen, dass sie aus verschiedenen Blickwinkeln betrachtet werden. Dieses dynamische Wechselspiel der Perspektiven bietet dem Betrachter ein facettenreiches Verständnis des Kunstwerks bei der ersten Betrachtung. Lassen Sie uns nun erkunden, wie Sie ein Porträt aus verschiedenen Blickwinkeln zeichnen können!

SCHRITT 1:

SCHRITT 2:

SCHRITT 3:

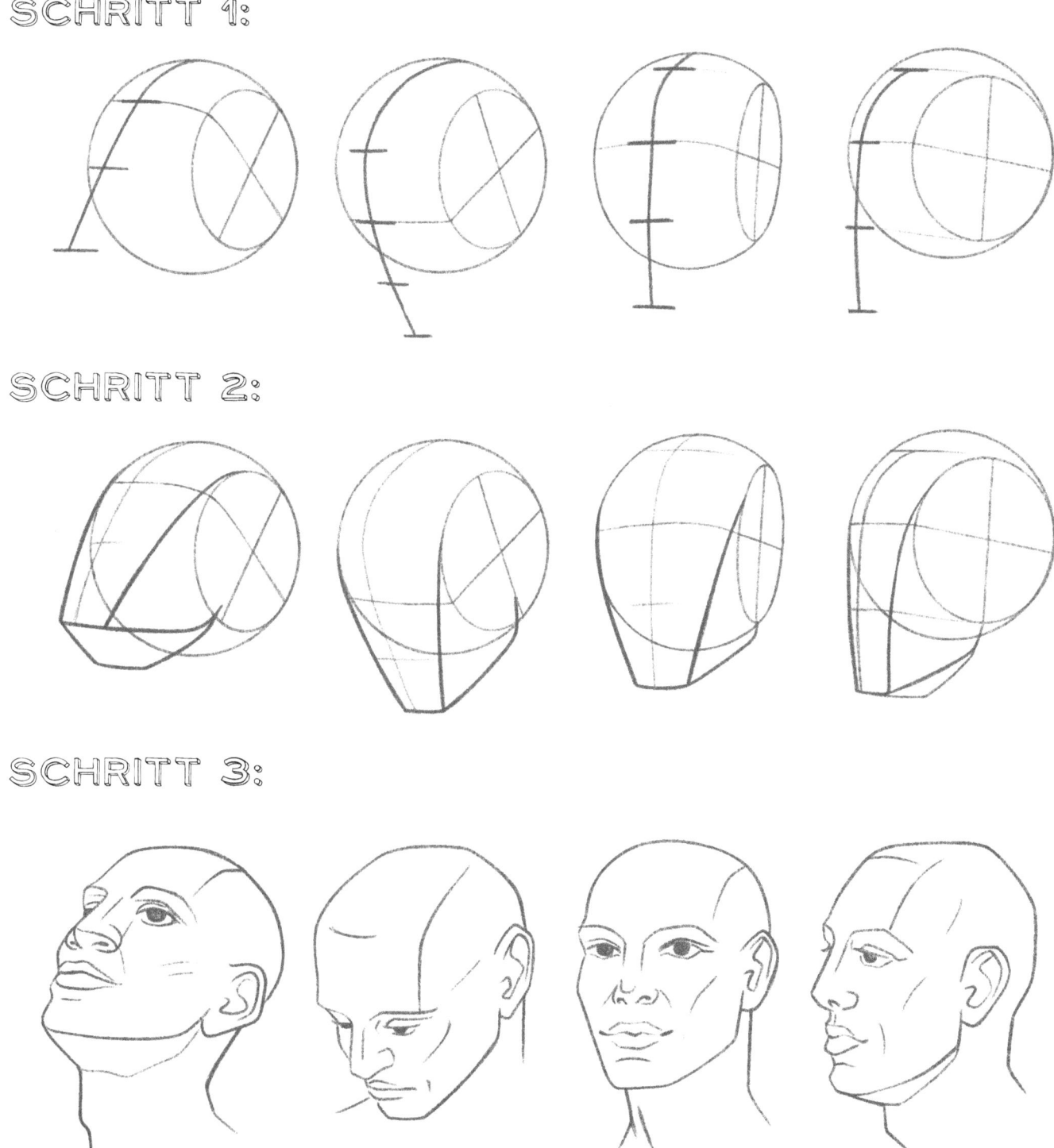

FRAUEN-PORTRAIT

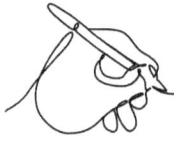
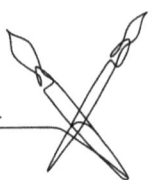

In der Vielfalt der Gesichtszüge weisen Frauen eine Reihe von Merkmalen auf, die zu ihrer einzigartigen Schönheit beitragen. Jeder Mensch hat einzigartige Gesichtszüge. Wenn Sie jedoch ein Porträt weiblicher gestalten möchten, sollten Sie Folgendes beachten:

Auch Größe und Form der Augen variieren zwischen den Geschlechtern, wobei Frauen im Vergleich zu Männern oft größere, ausdrucksvollere Augen haben.

Bei Frauen sind die Gesichtskonturen oft weicher und runder.

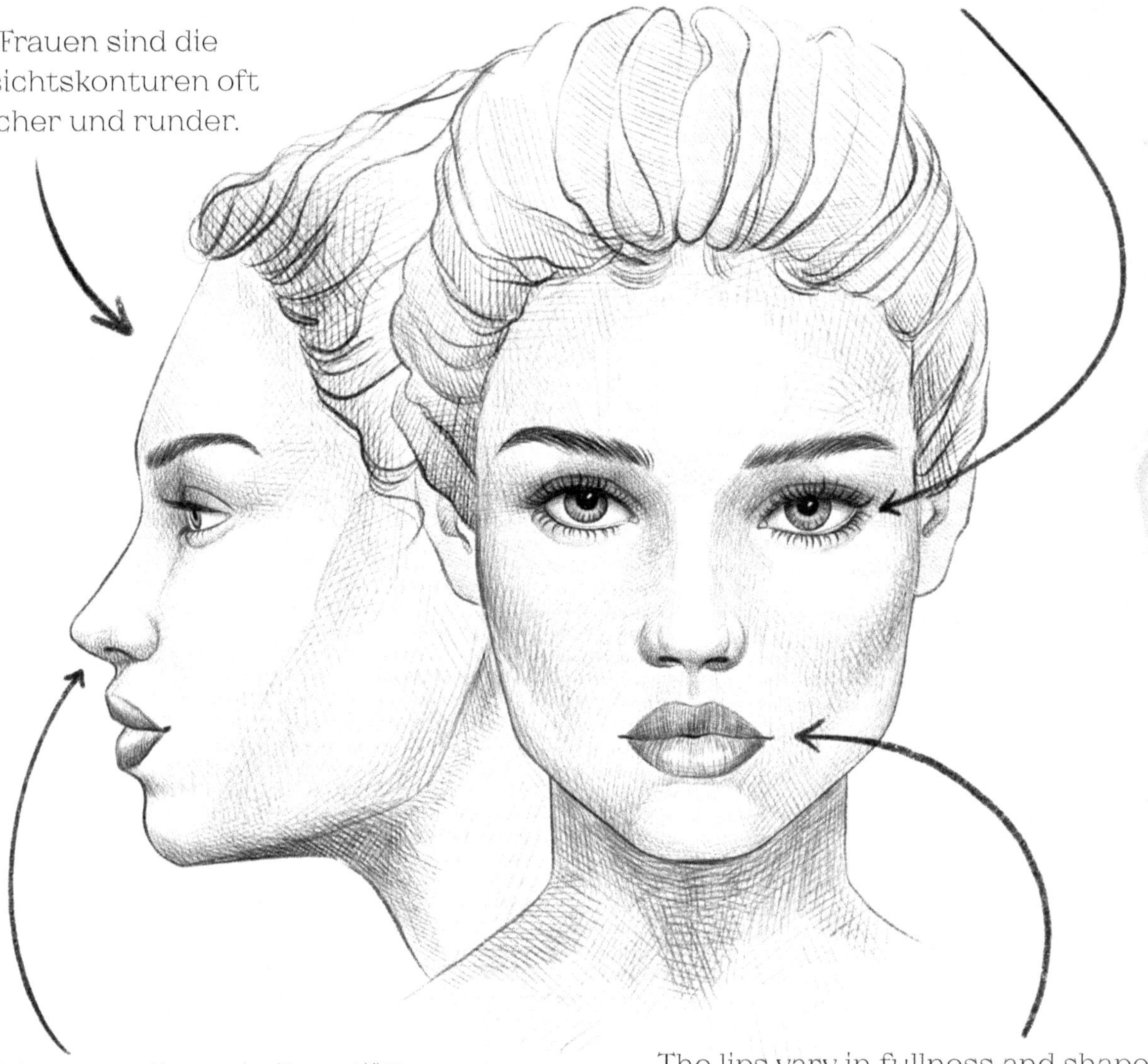

Die Lippen variieren in ihrer Fülle und Form, wobei Frauen oft vollere, rundere Lippen haben.

The lips vary in fullness and shape, with women often sporting fuller, more rounded lips,

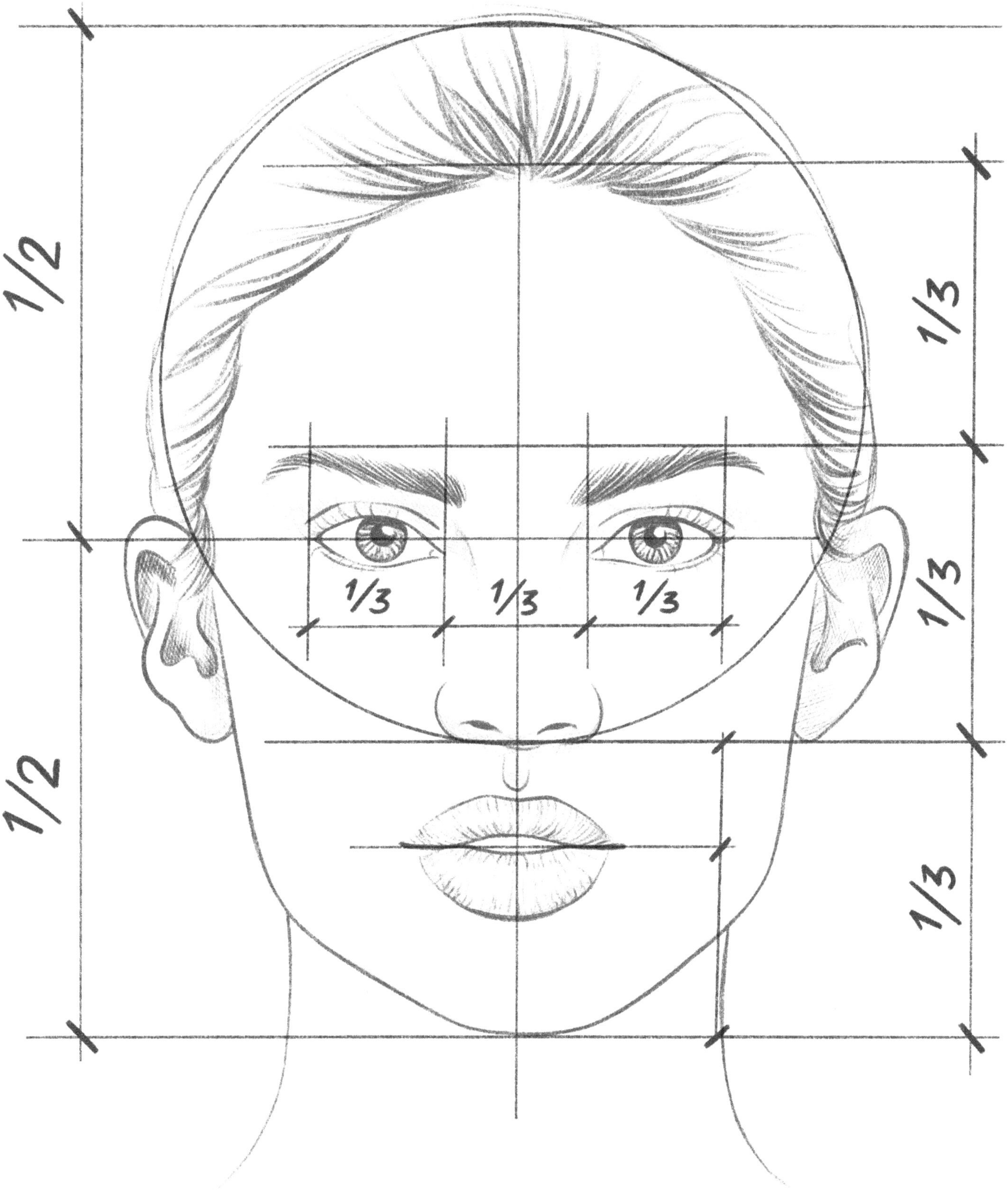

PROPORTIONEN

27

FRONT

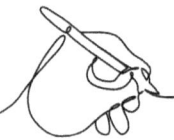
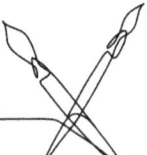

AUGE:

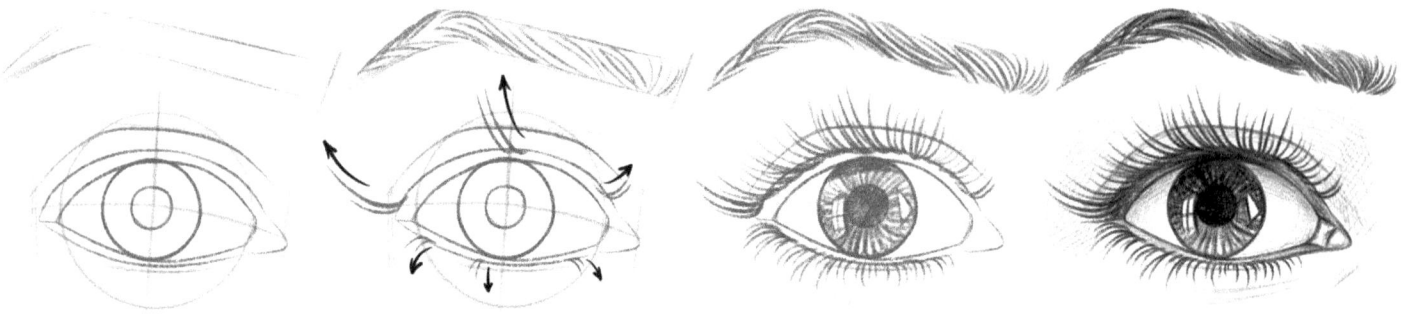

NASE:

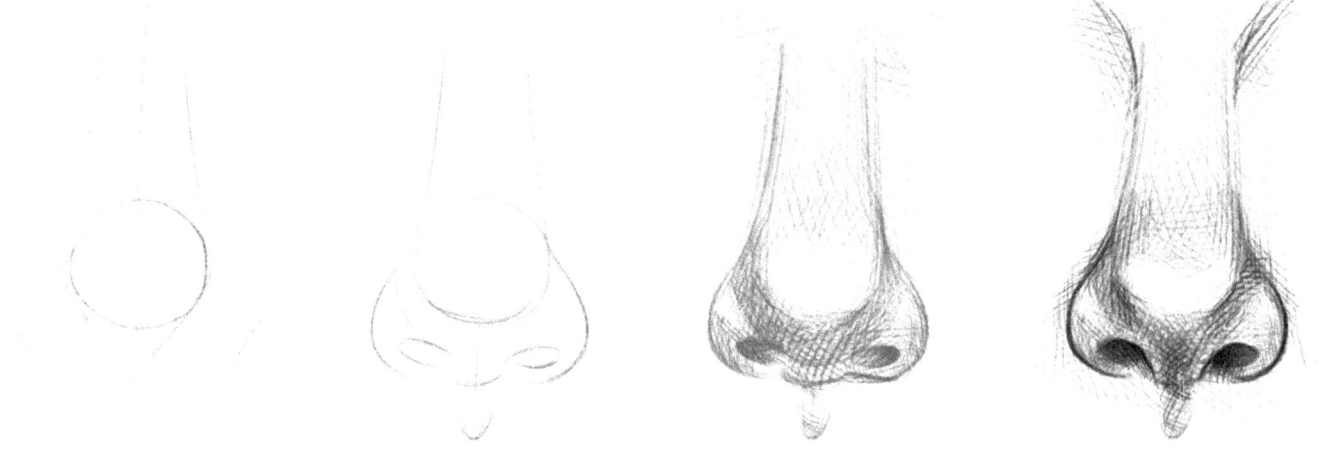

MUND:

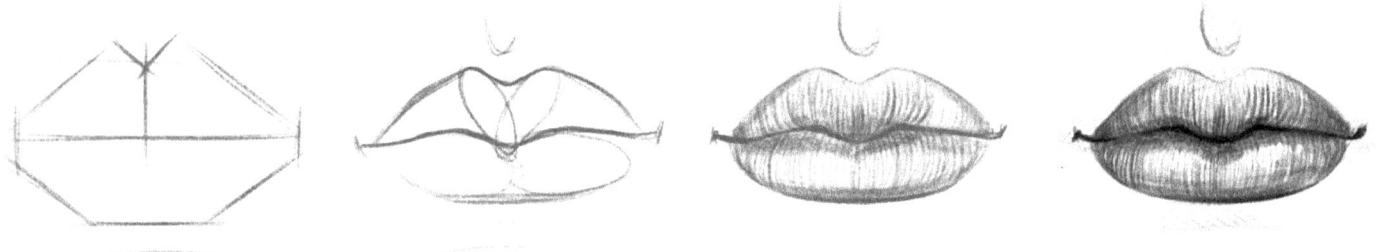

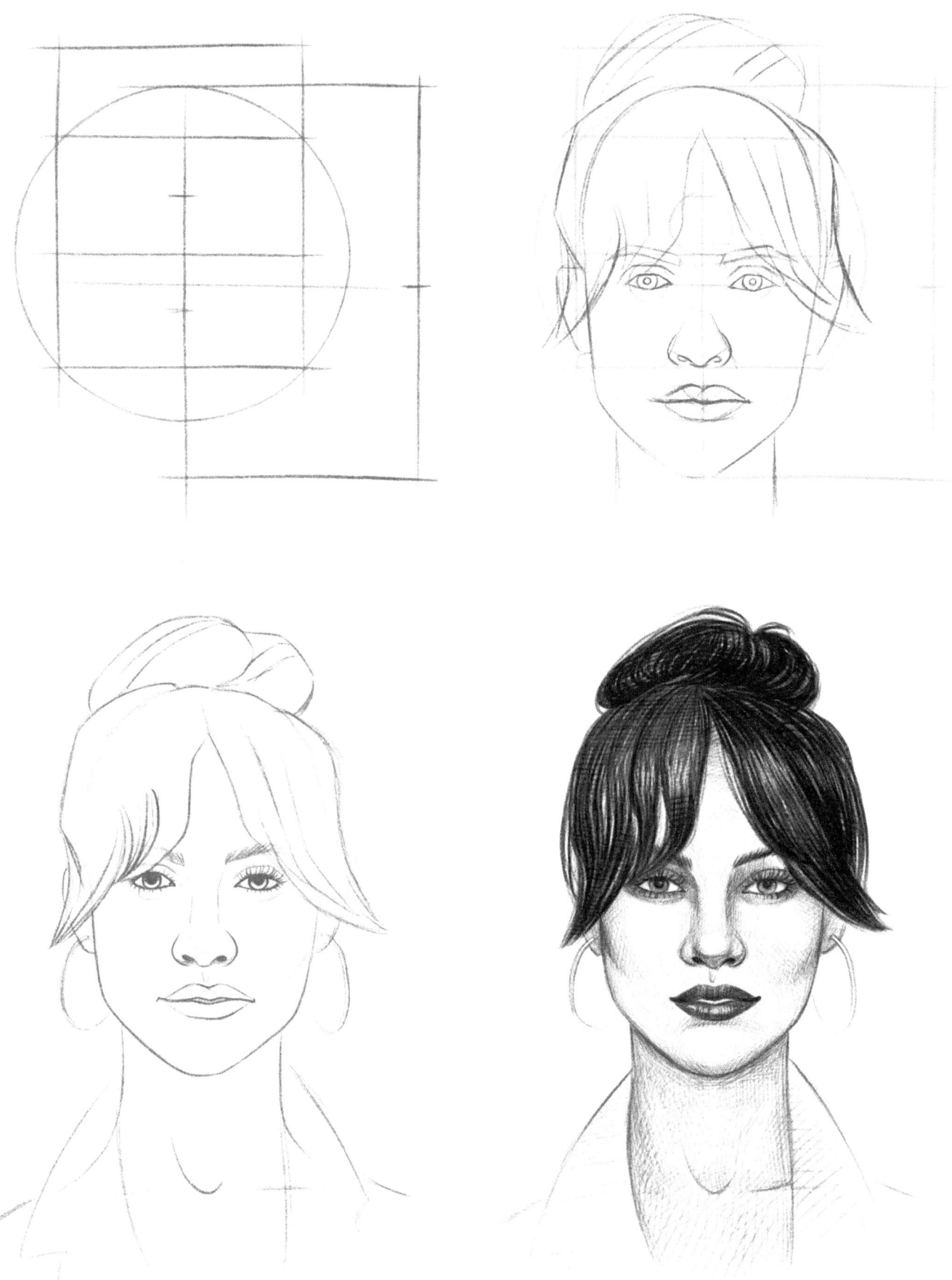

3/4

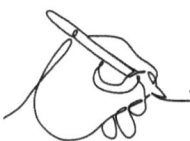 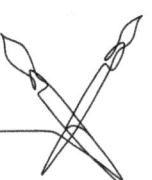

AUGE:

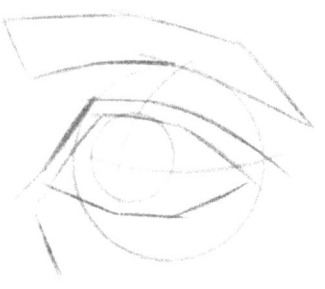 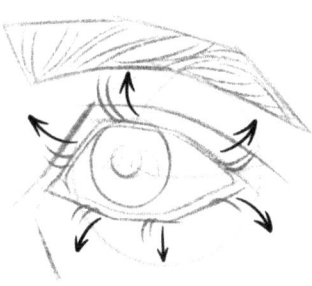 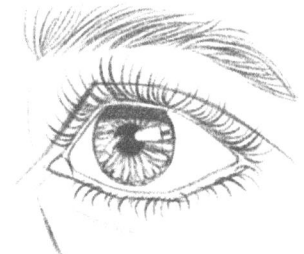 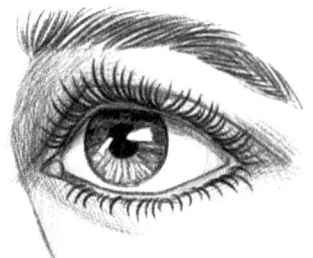

NASE:

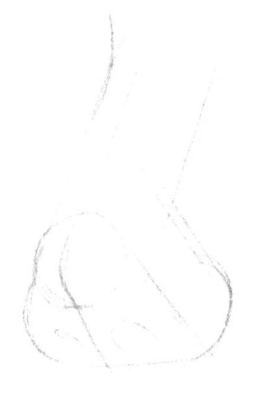 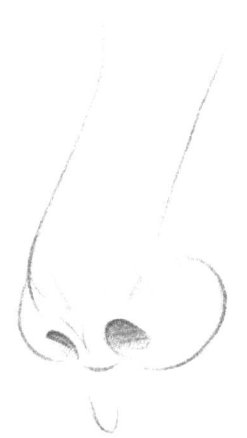 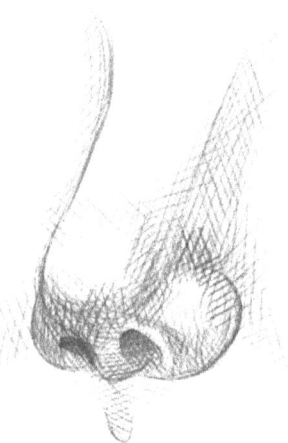 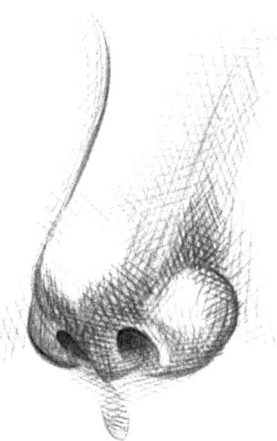

MUND:

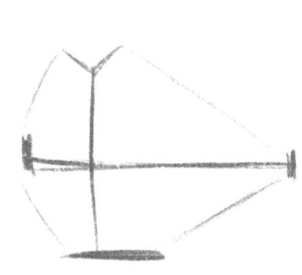 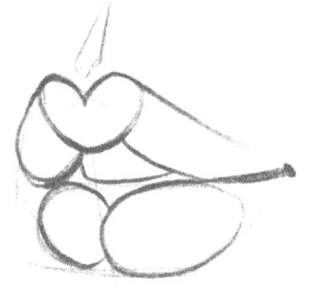 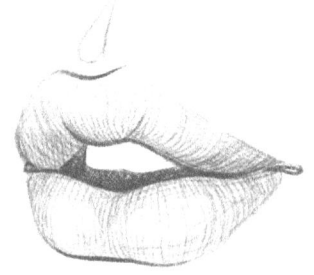 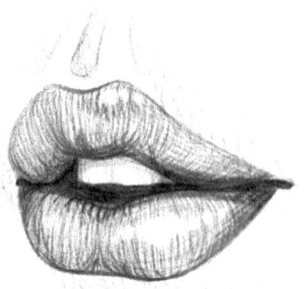

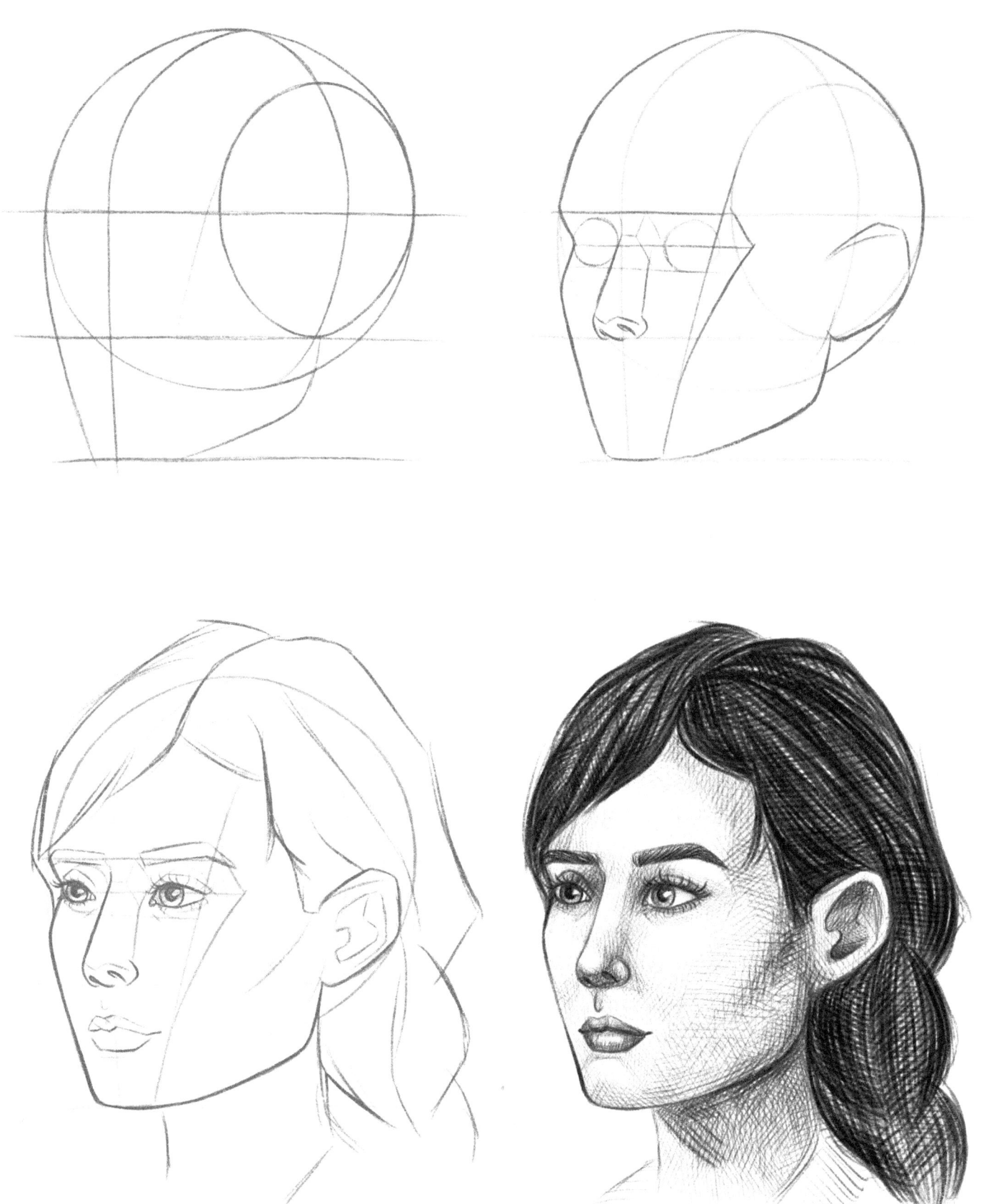

SEITE

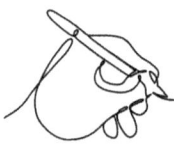 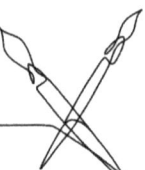

AUGE:

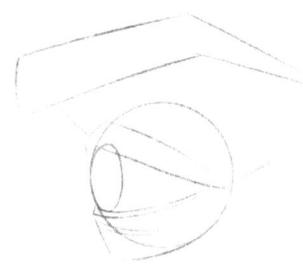 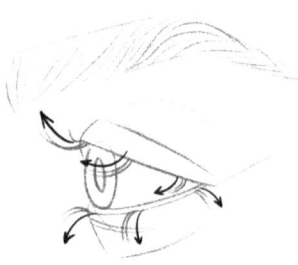 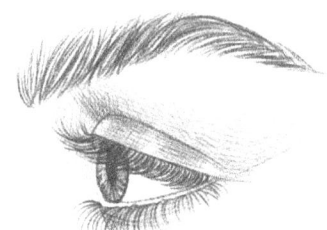 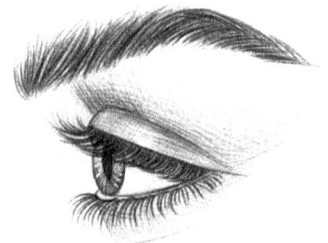

NASE:

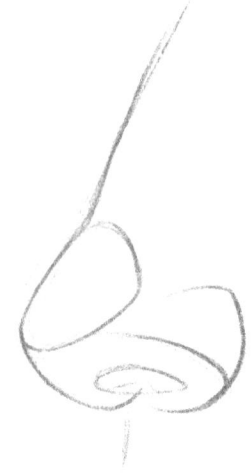 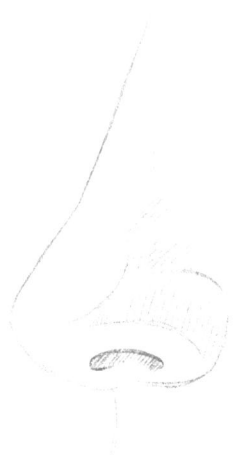 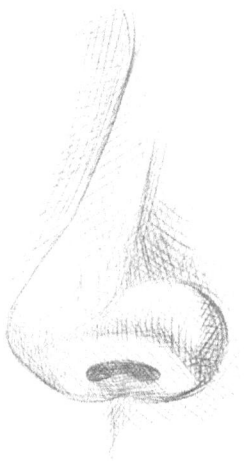 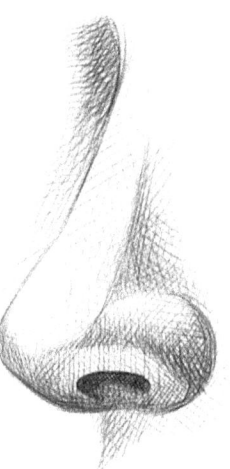

MUND:

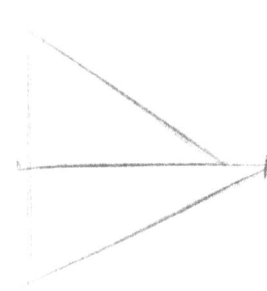 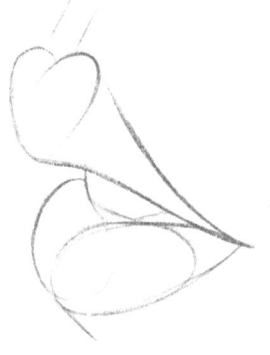 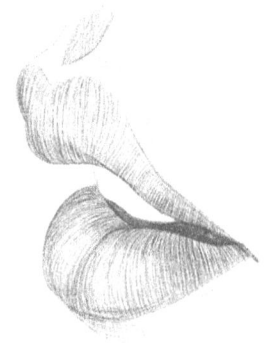 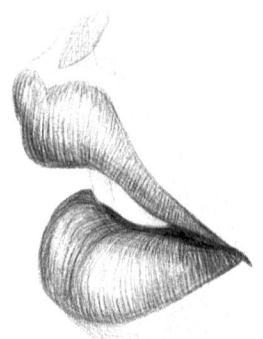

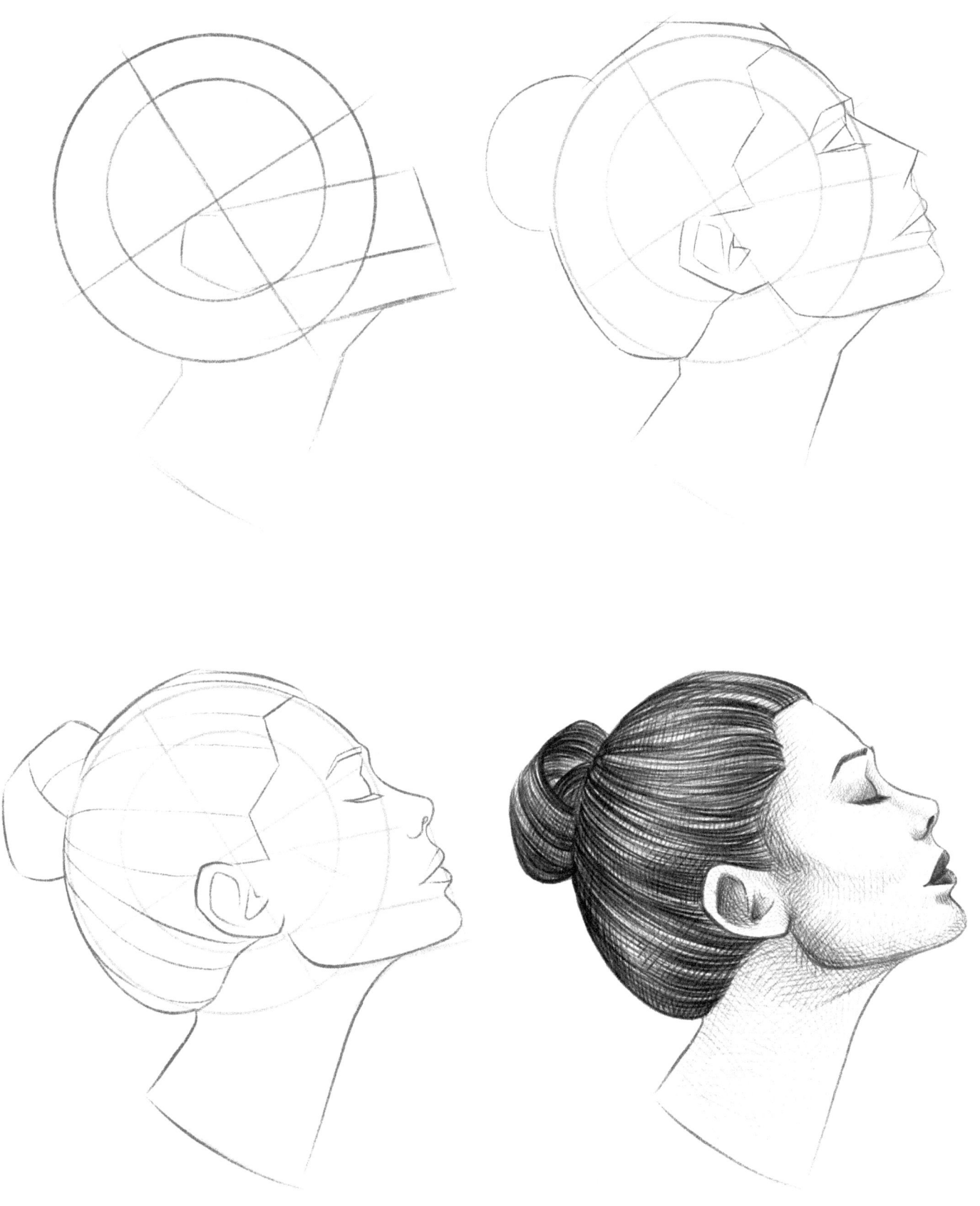

ZUSÄTZLICHE ANLEITUNGEN

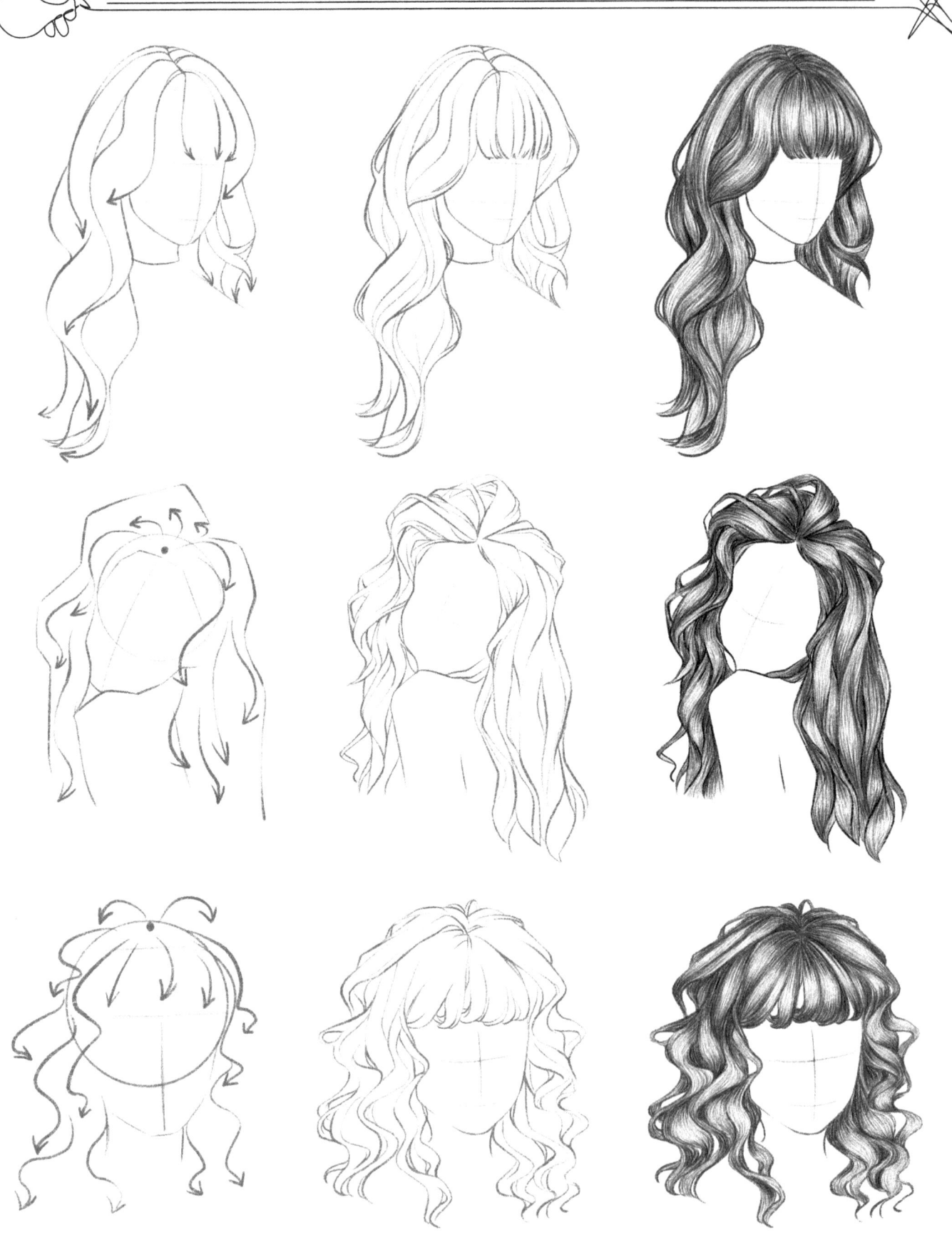

ANDERE FRISUREN ZUR INSPIRATION

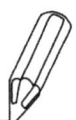

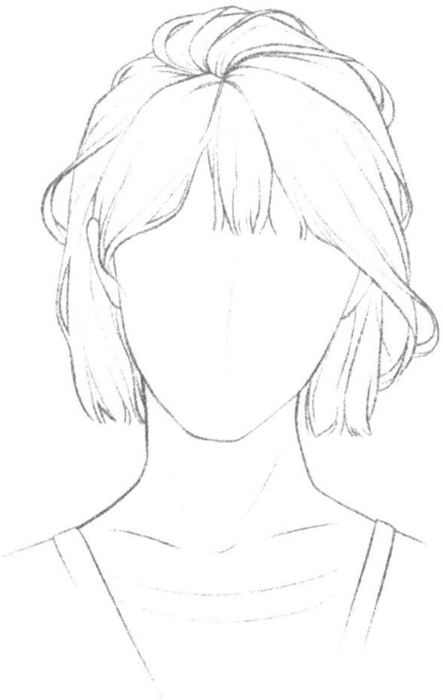

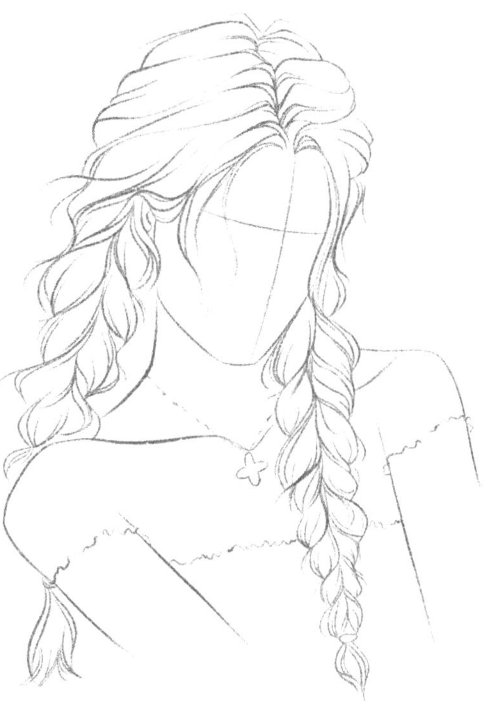

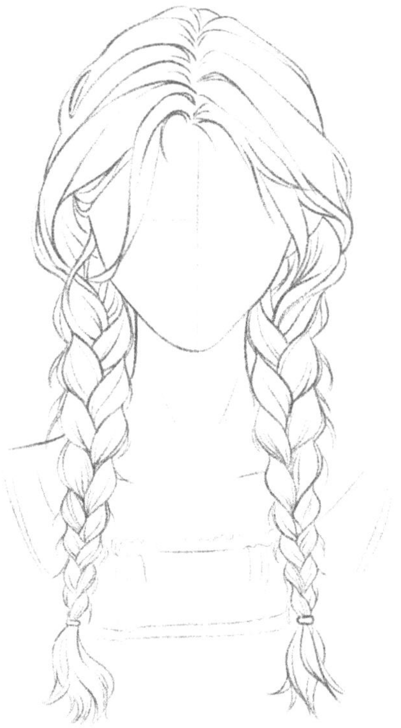

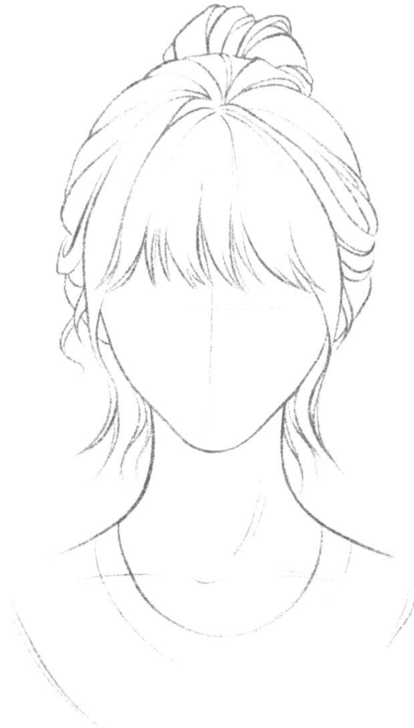

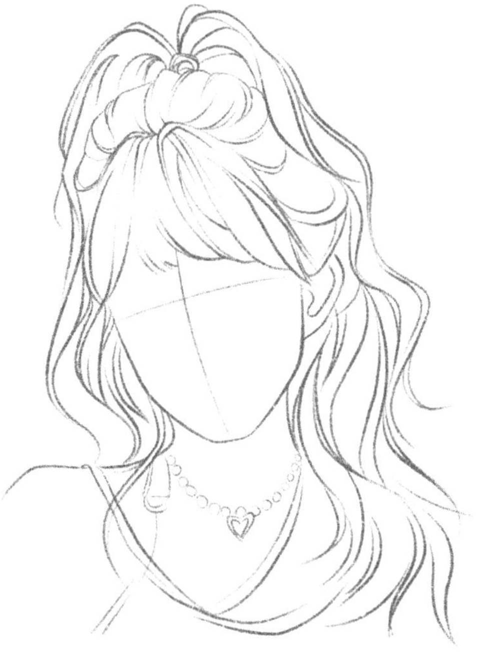

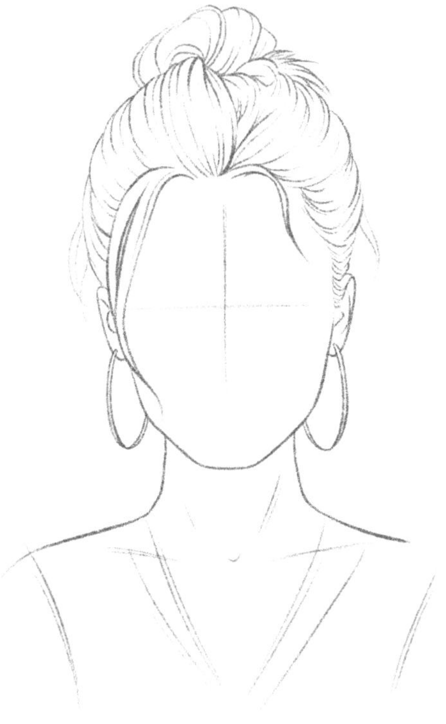

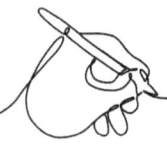 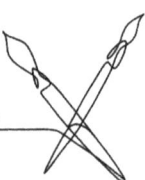

MANN PORTRAIT

Ähnlich wie bei Frauen besitzt jeder Mann einzigartige Gesichtszüge. Im Folgenden gehen wir auf Merkmale ein, die gemeinhin mit Männlichkeit assoziiert werden, und auf Faktoren, die Sie berücksichtigen sollten, wenn Sie ein robustes Aussehen anstreben.

Die Augen von Männern können im Vergleich zu denen von Frauen etwas kleiner und eckiger erscheinen. Außerdem haben sie im Vergleich zu Frauen kürzere und weniger ausgeprägte Wimpern.

Männer haben in der Regel schärfere, kantigere Züge.

Auch die Struktur der Nase unterscheidet sich, wobei Männer typischerweise eine markantere Nase mit größeren Nasenlöchern haben.

Männer können auch stärker definierte, kantige Lippen haben.

Ein weiterer bemerkenswerter Kontrast liegt in den Augenbrauen, die bei Männern in der Regel dicker, gerader und flacher sind und weniger gewölbt als bei Frauen.

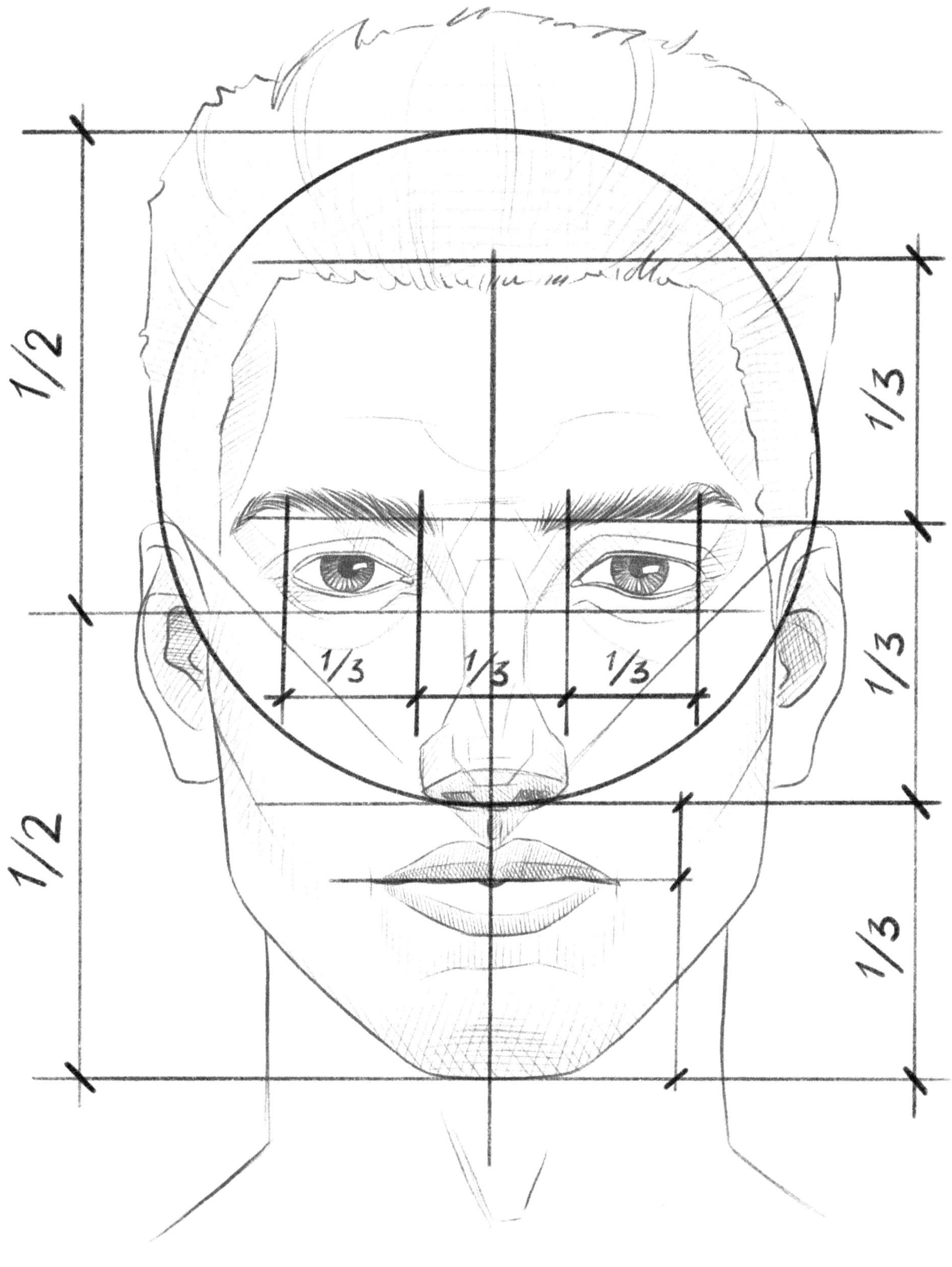

PROPORTIONEN

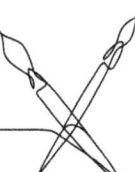

1/2 | 1/3
1/3 | 1/3 | 1/3
1/2 | 1/3

FRONT

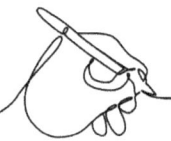
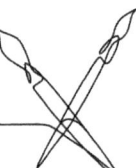

AUGE:

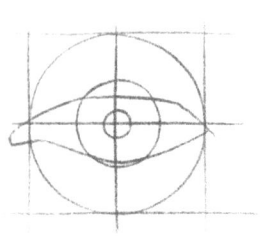
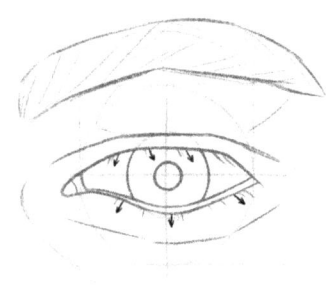
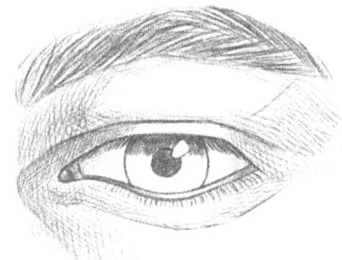
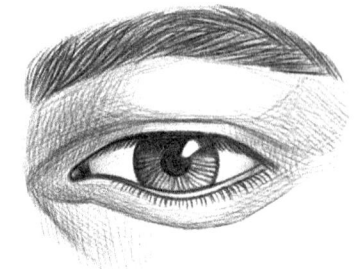

NASE:

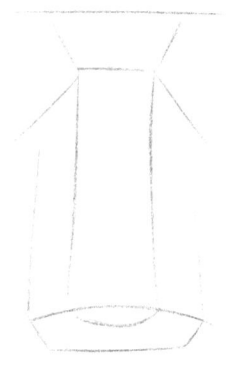
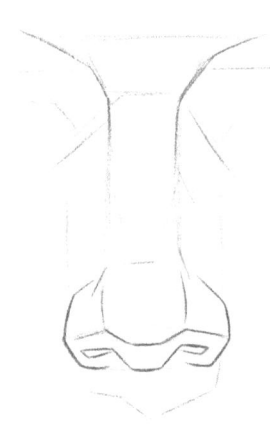
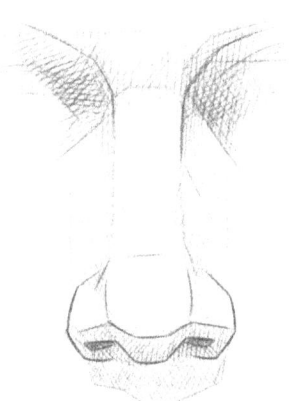
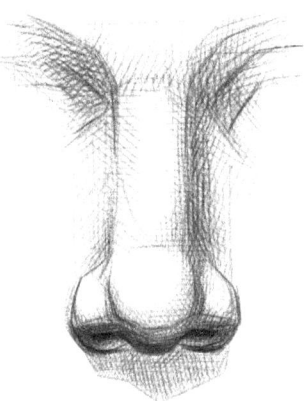

MUND:

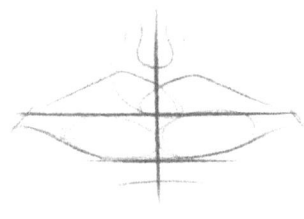
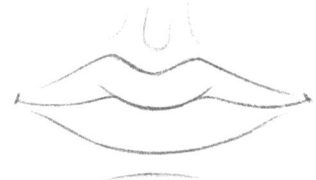
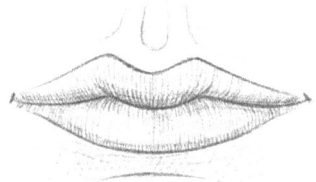
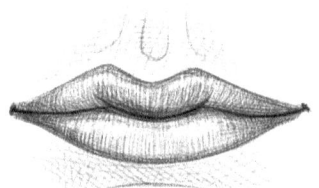

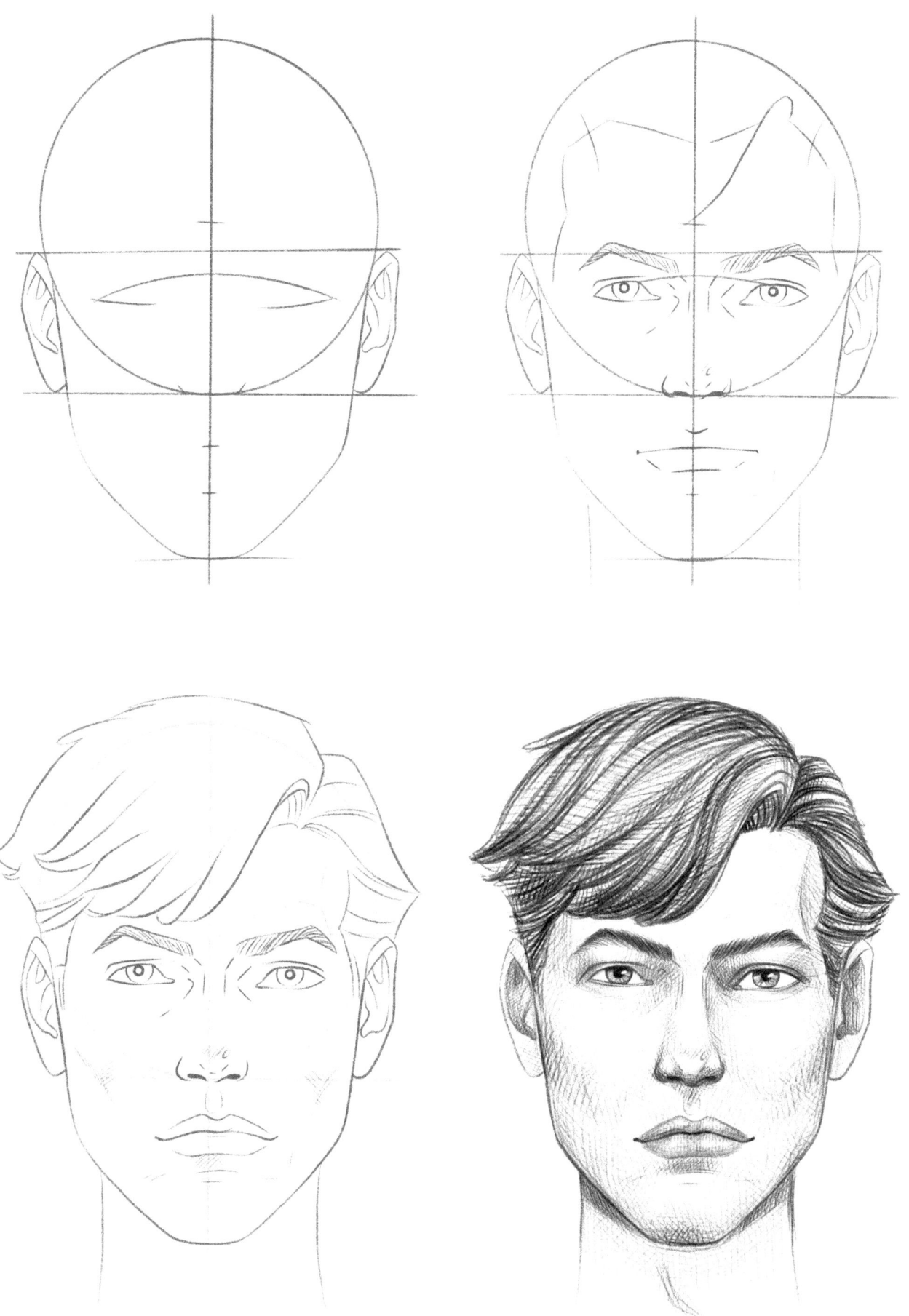

3/4

AUGE:

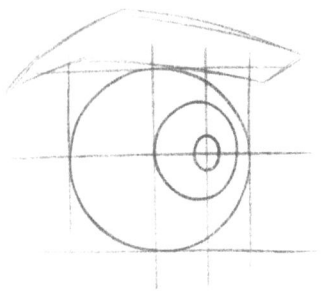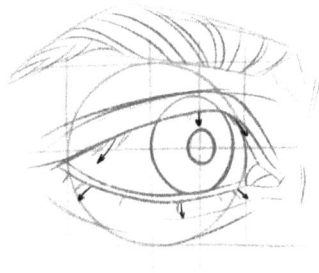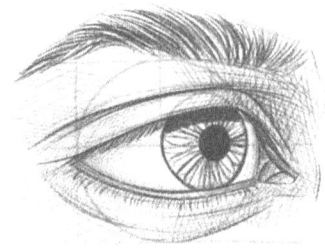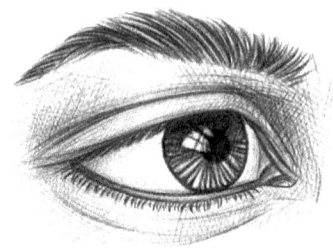

NASE:

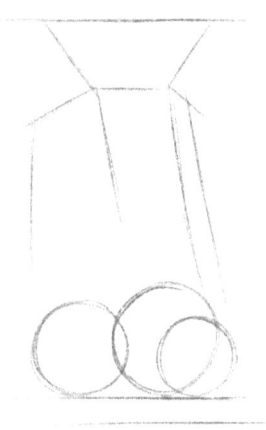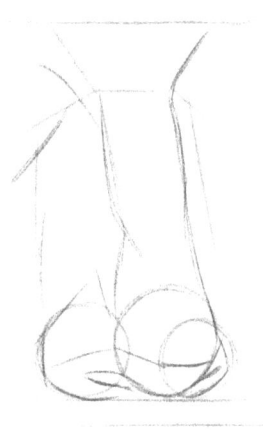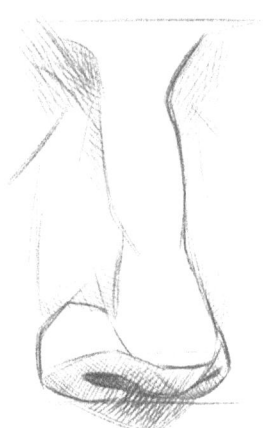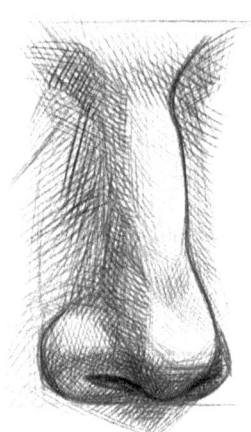

MUND:

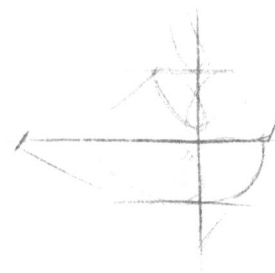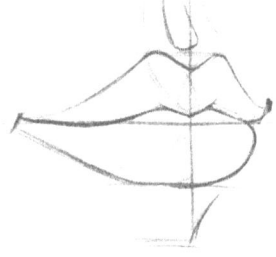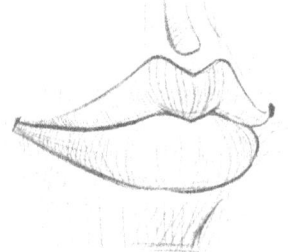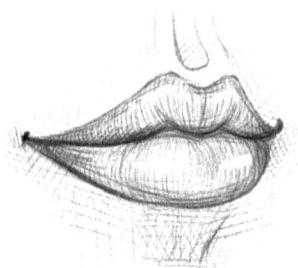

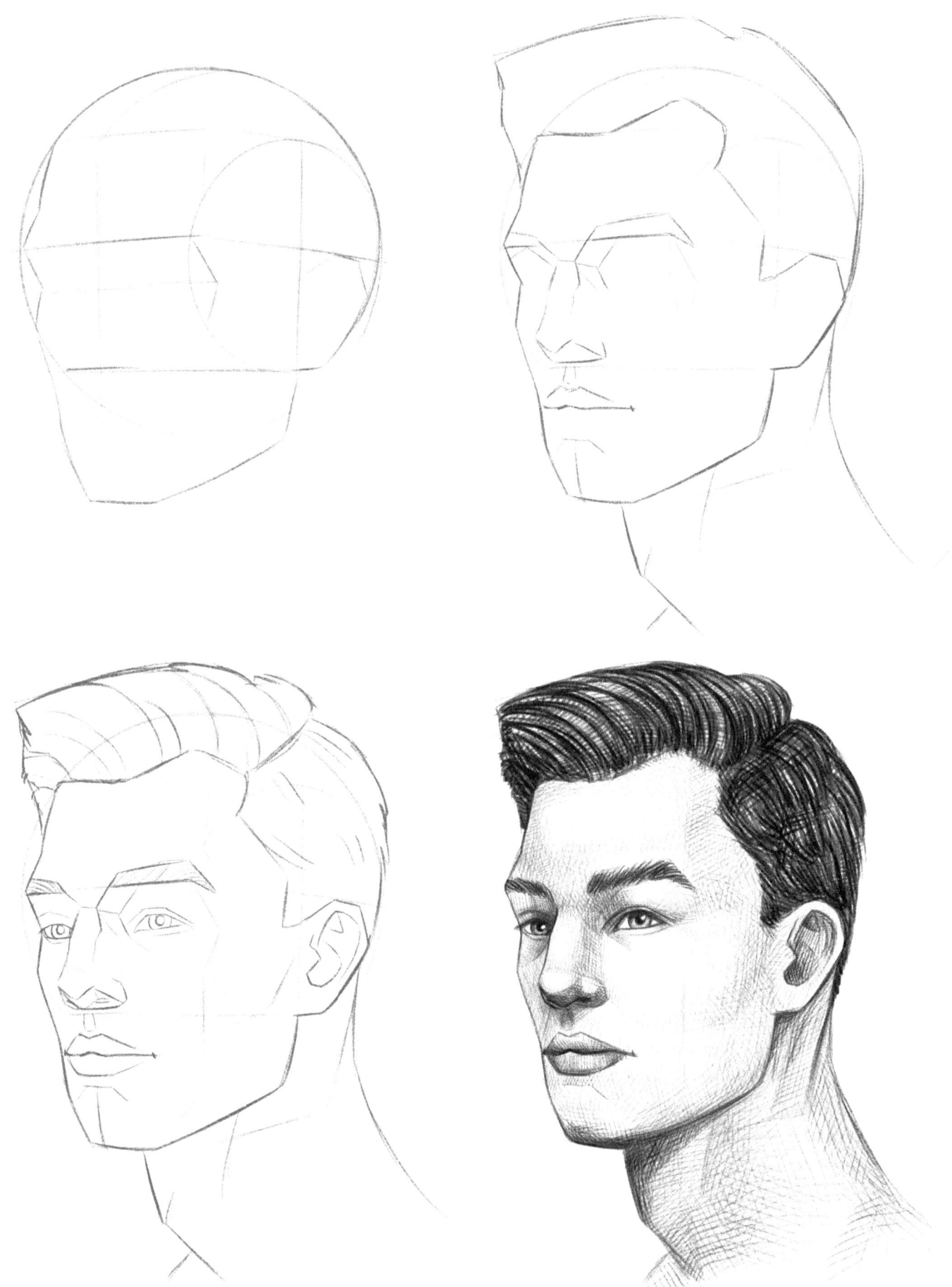

SEITE

AUGE:

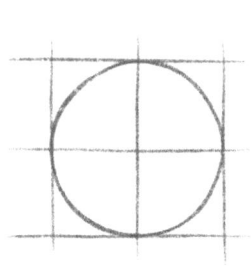 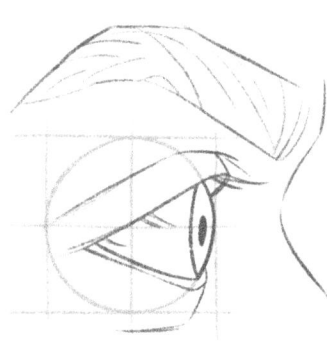 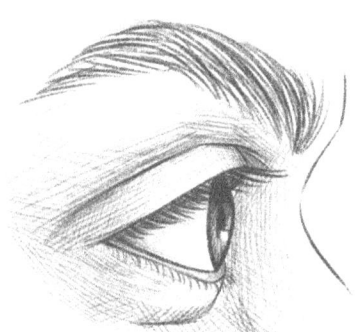 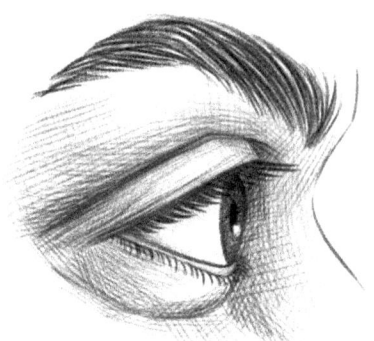

NASE:

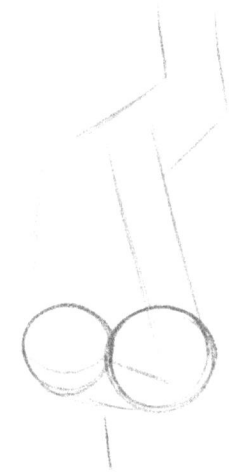 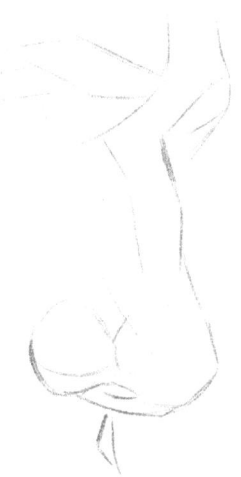 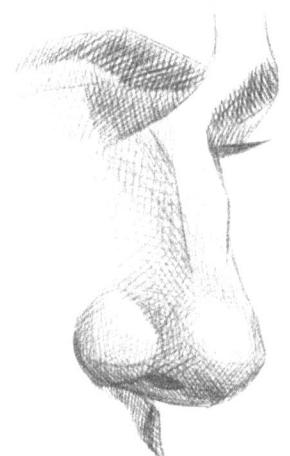 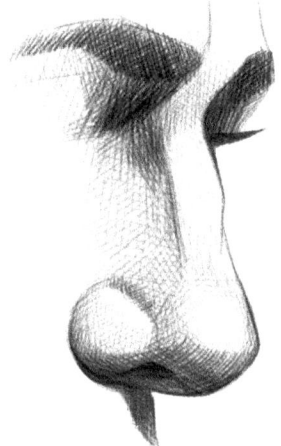

MUND:

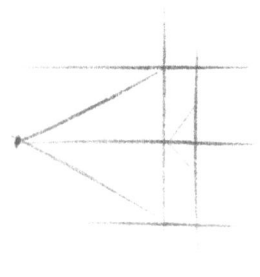 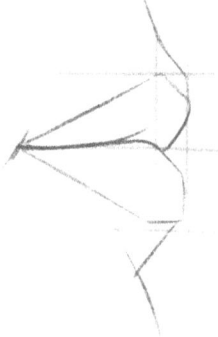 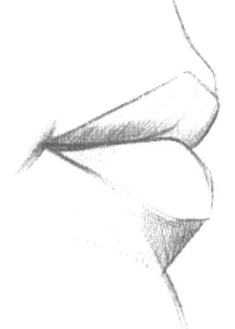 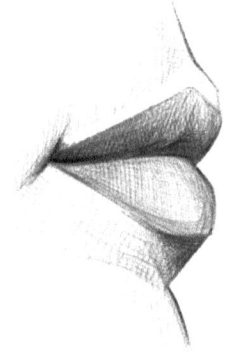

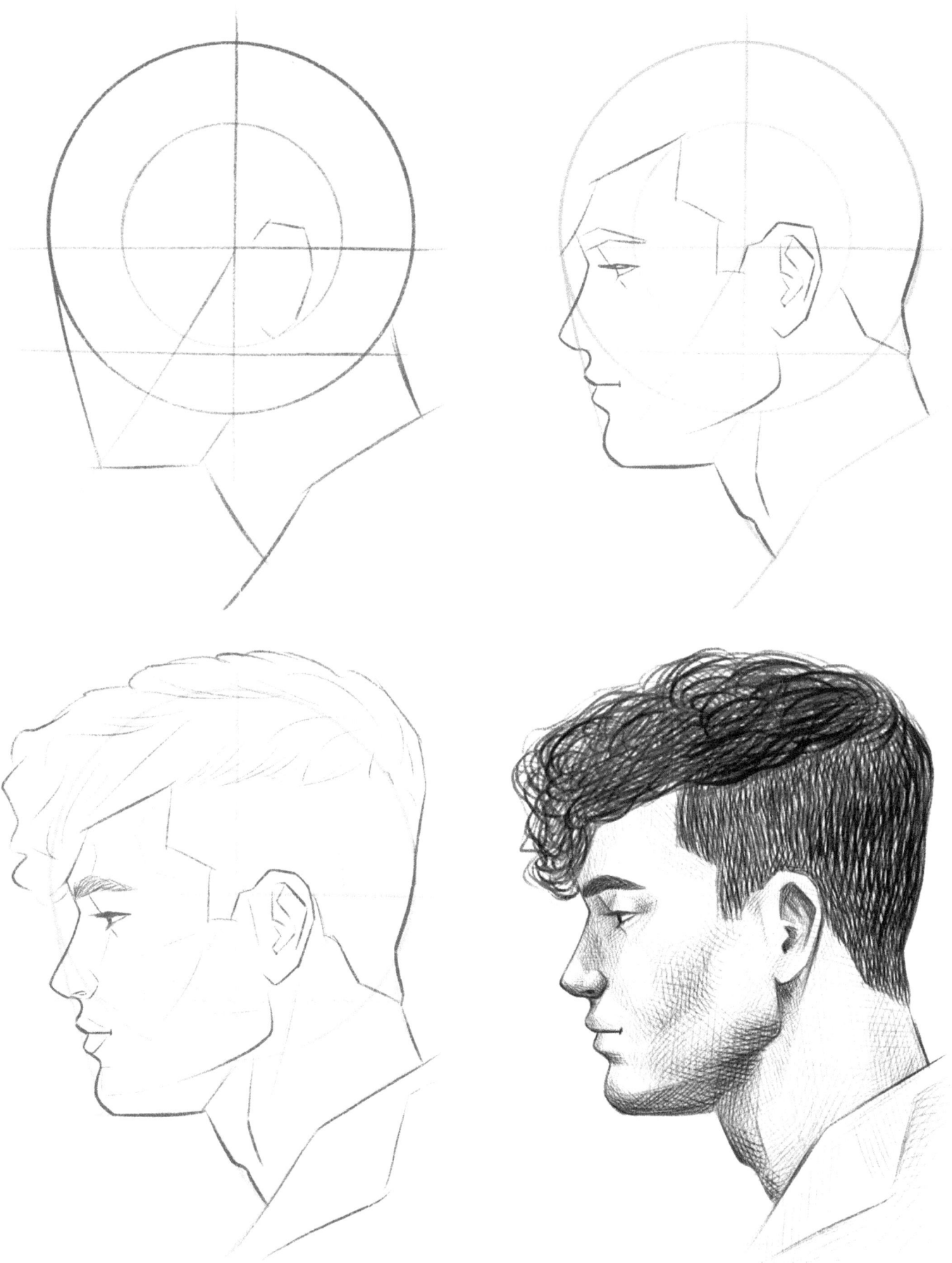

ZUSÄTZLICHE ANLEITUNGEN

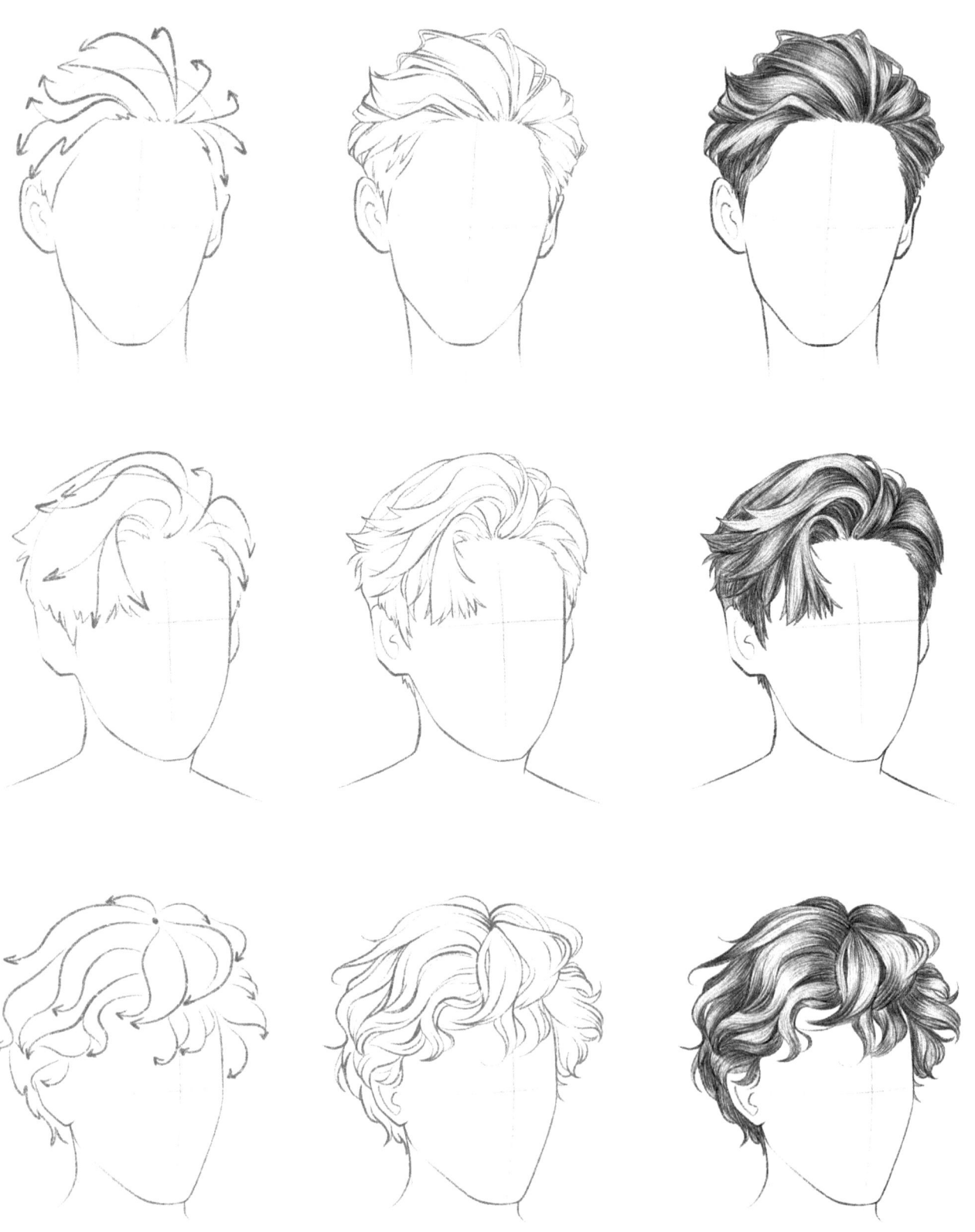

ANDERE FRISUREN ZUR INSPIRATION

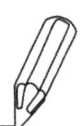

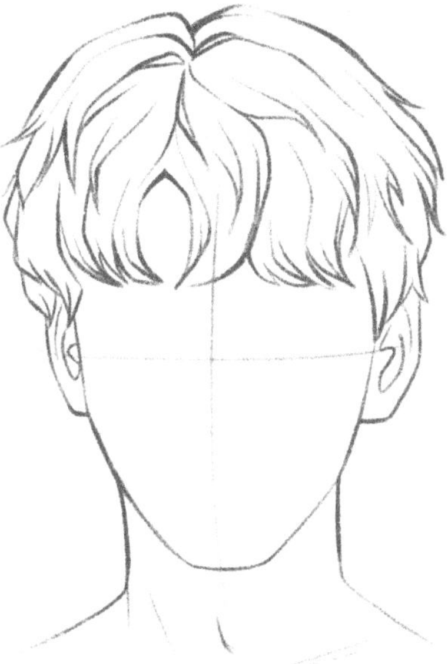

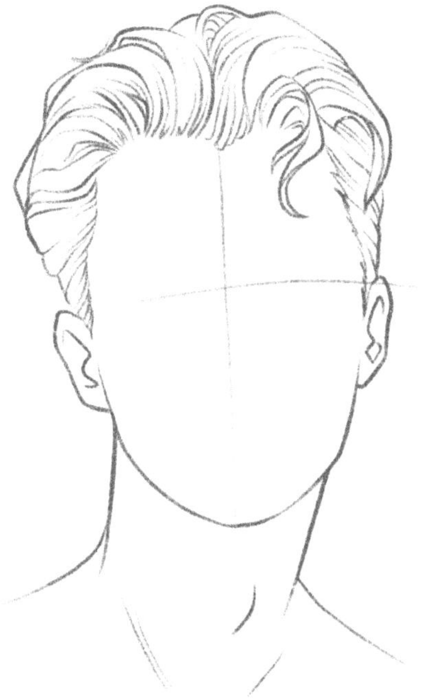

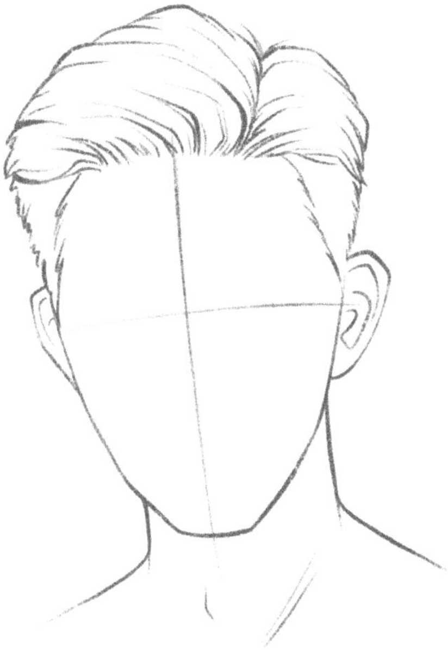

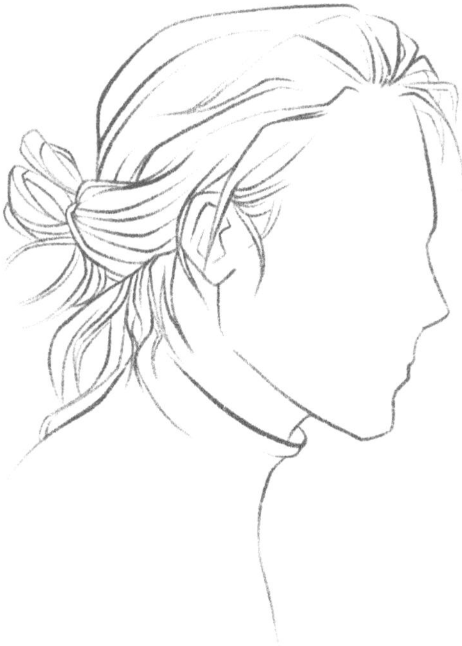

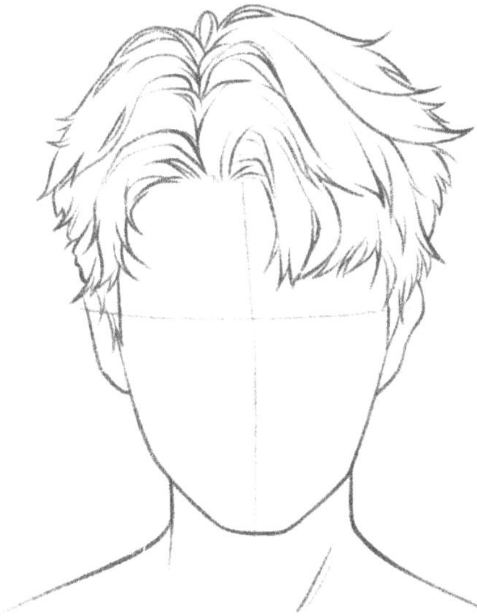

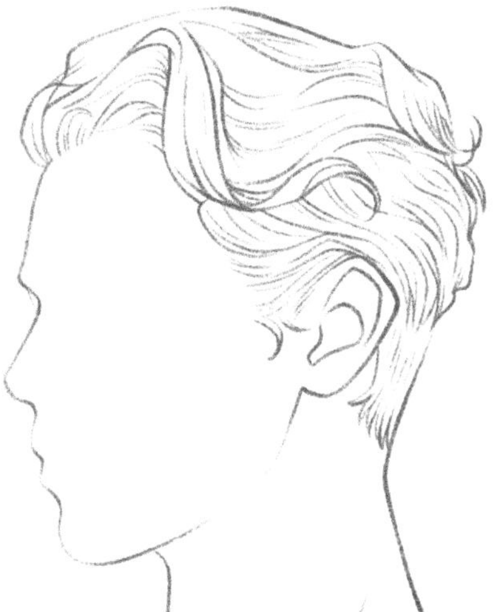

VERMITTLUNG VON EMOTIONEN

Um beim Zeichnen von Porträts Emotionen wirkungsvoll zu vermitteln, muss man verstehen, wie verschiedene Gesichtszüge und Ausdrücke zu unterschiedlichen Gefühlen beitragen.

TIPP:

Achten Sie beim Zeichnen von Porträts auf subtile Nuancen im Gesichtsausdruck und in der Körpersprache, um die gewünschte Emotion genau zu erfassen. Experimentieren Sie mit verschiedenen Techniken, wie z. B. unterschiedlichen Strichstärken, Schattierungen und Farbpaletten, um bestimmte Gefühle hervorzurufen und emotional ansprechende Porträts zu erstellen.

Hier sind einige wichtige Merkmale gängiger Emotionen und Techniken, um sie darzustellen:

FRÖHLICHKEIT/FREUDE:
Ein Lächeln mit hochgezogenen Wangen und Falten um die Augen (Krähenfüße) deutet auf echte Freude hin. Die Augen können leicht schielen, und die Augenbrauen heben sich. Verwenden Sie helle, warme Farben und weiche, abgerundete Linien, um ein Gefühl von Wärme und Positivität zu vermitteln.

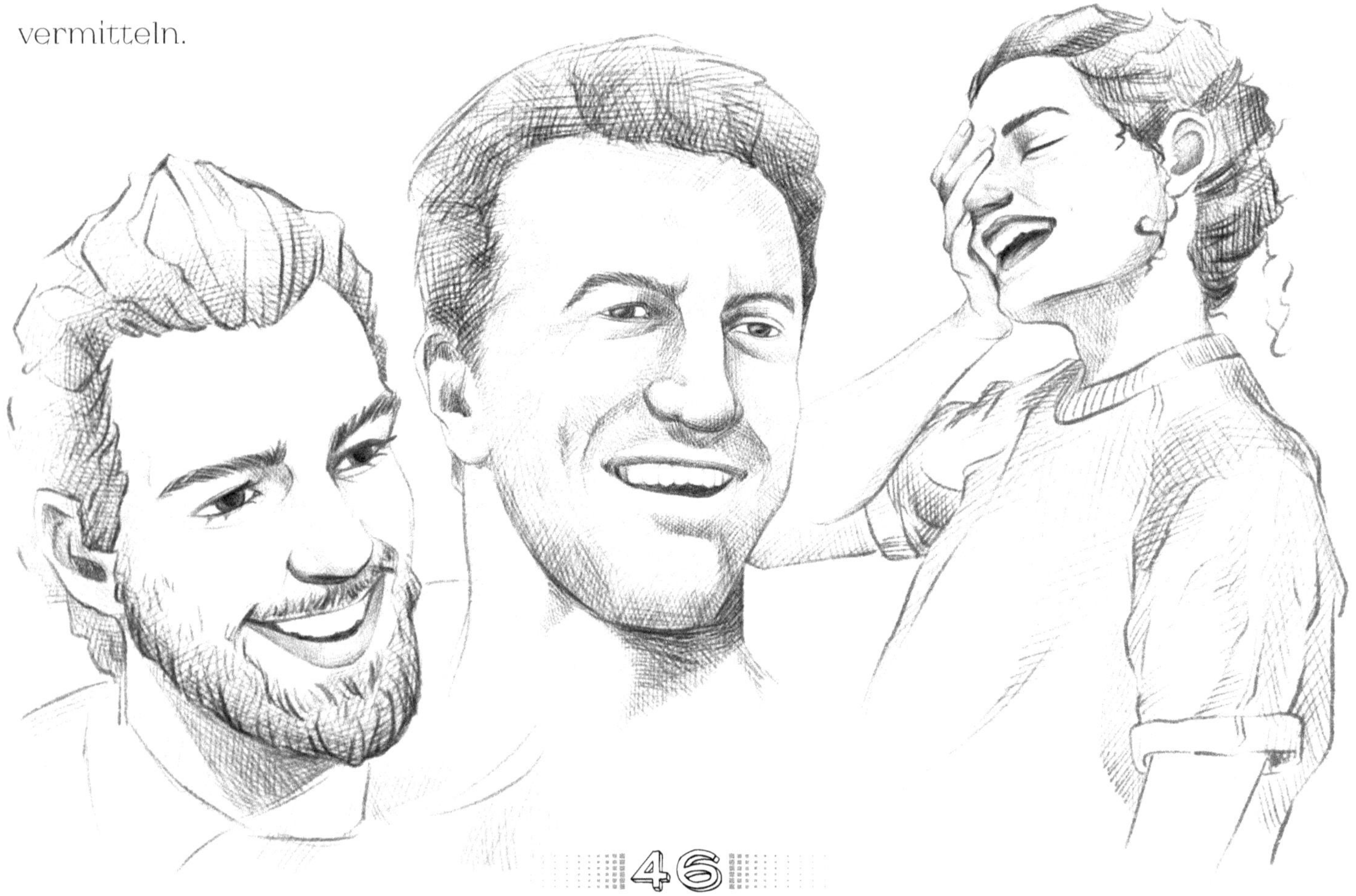

TRAURIGKEIT: Herunterhängende Mundwinkel, nach unten gezogene Augenbrauen und hängende Augenlider vermitteln Traurigkeit. Dunklere, gedämpfte Farben und nach unten gerichtete Winkel in der Komposition können das Gefühl der Melancholie verstärken.

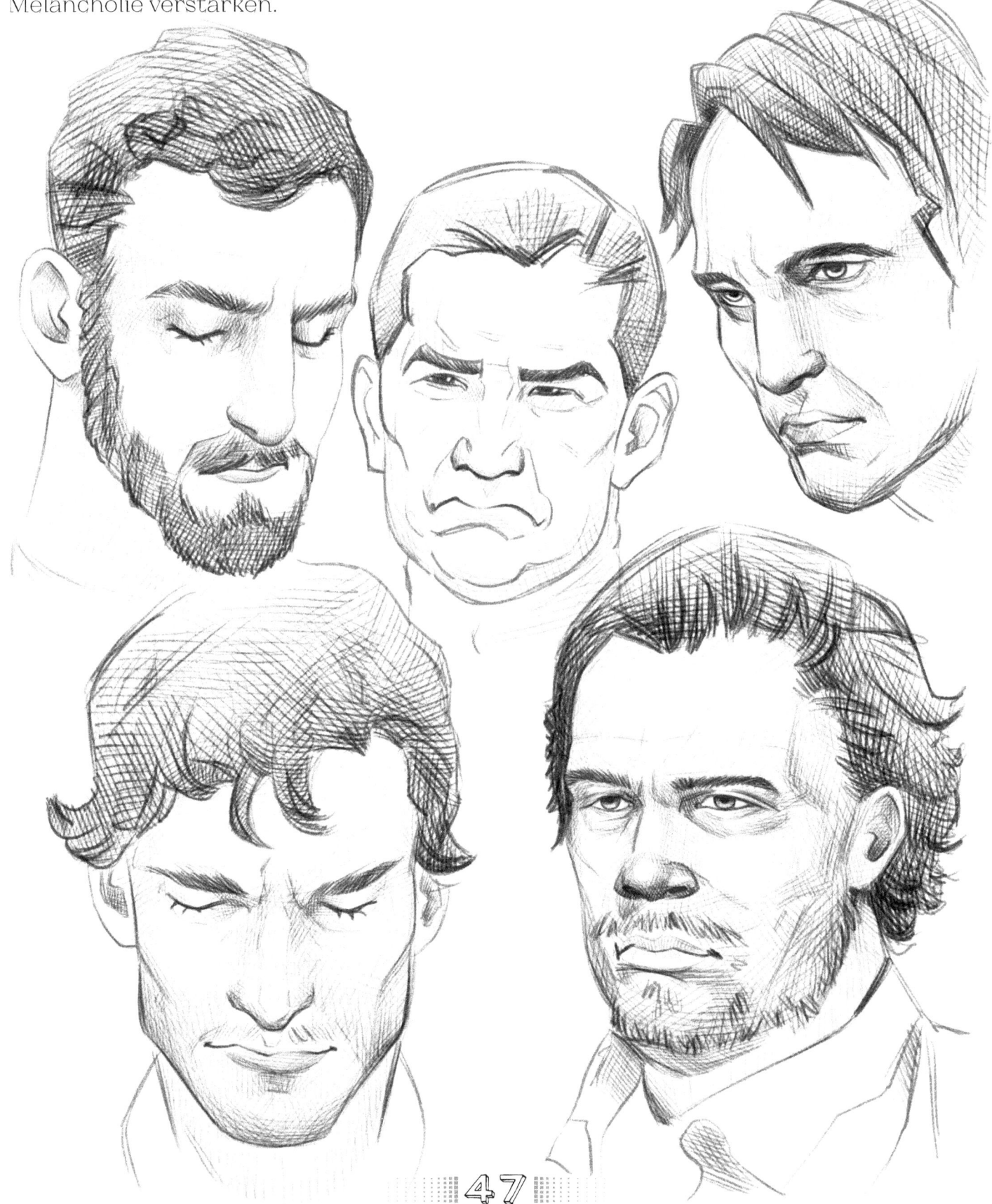

WUT: Zusammengezogene Brauen, zusammengekniffene Augen und ein zusammengebissener Kiefer signalisieren Wut. Scharfe, kantige Linien und kräftige, intensive Farben spiegeln die Intensität dieser Emotion wider. Eine Übertreibung dieser Merkmale kann das Gefühl der Aggression verstärken.

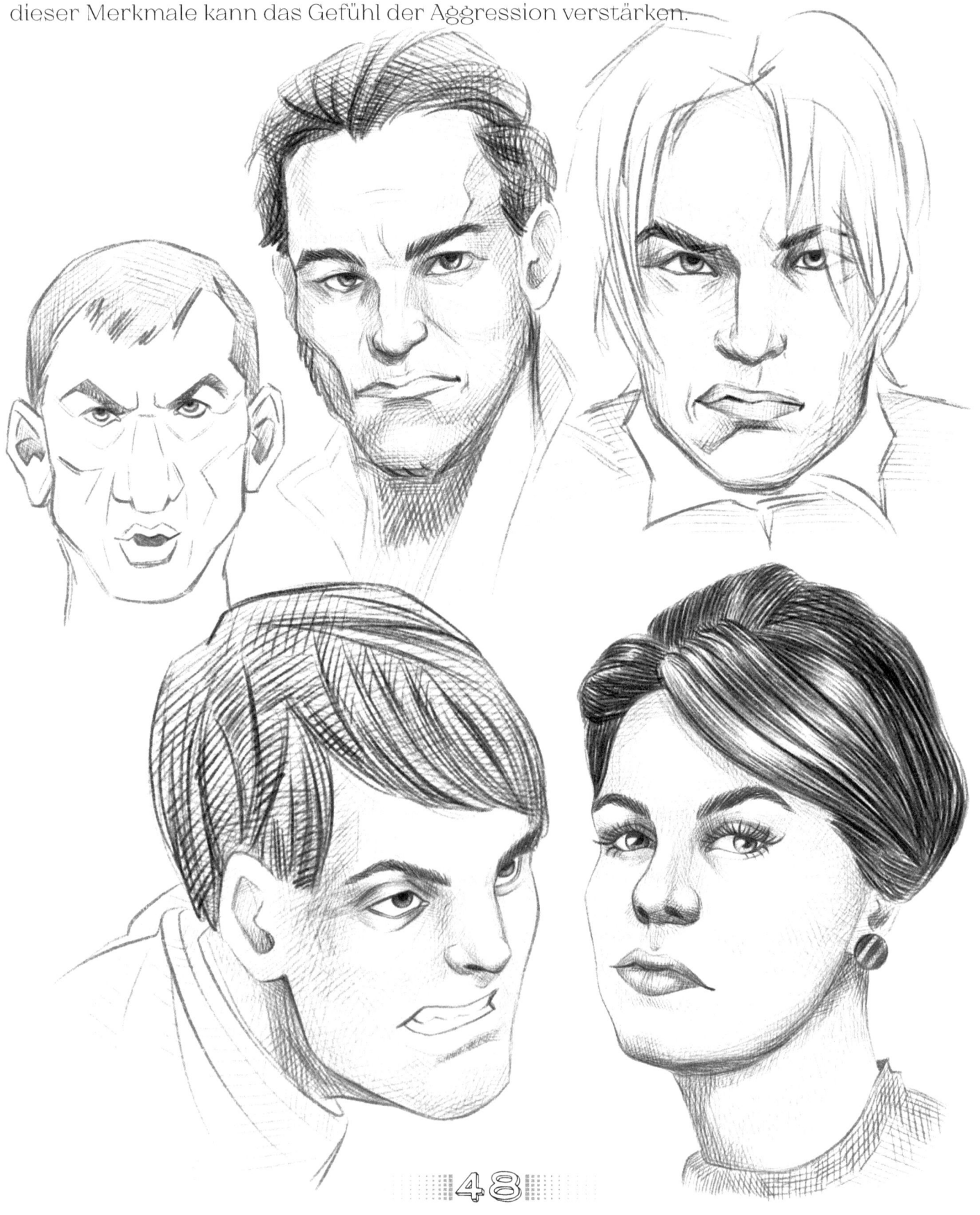

ÜBERRASCHUNG: Große Augen, hochgezogene Augenbrauen und ein offener Mund bedeuten Überraschung. Verwenden Sie kontrastreiche Farben und dynamische, diagonale Linien, um ein Gefühl von Plötzlichkeit und Erstaunen zu erzeugen.

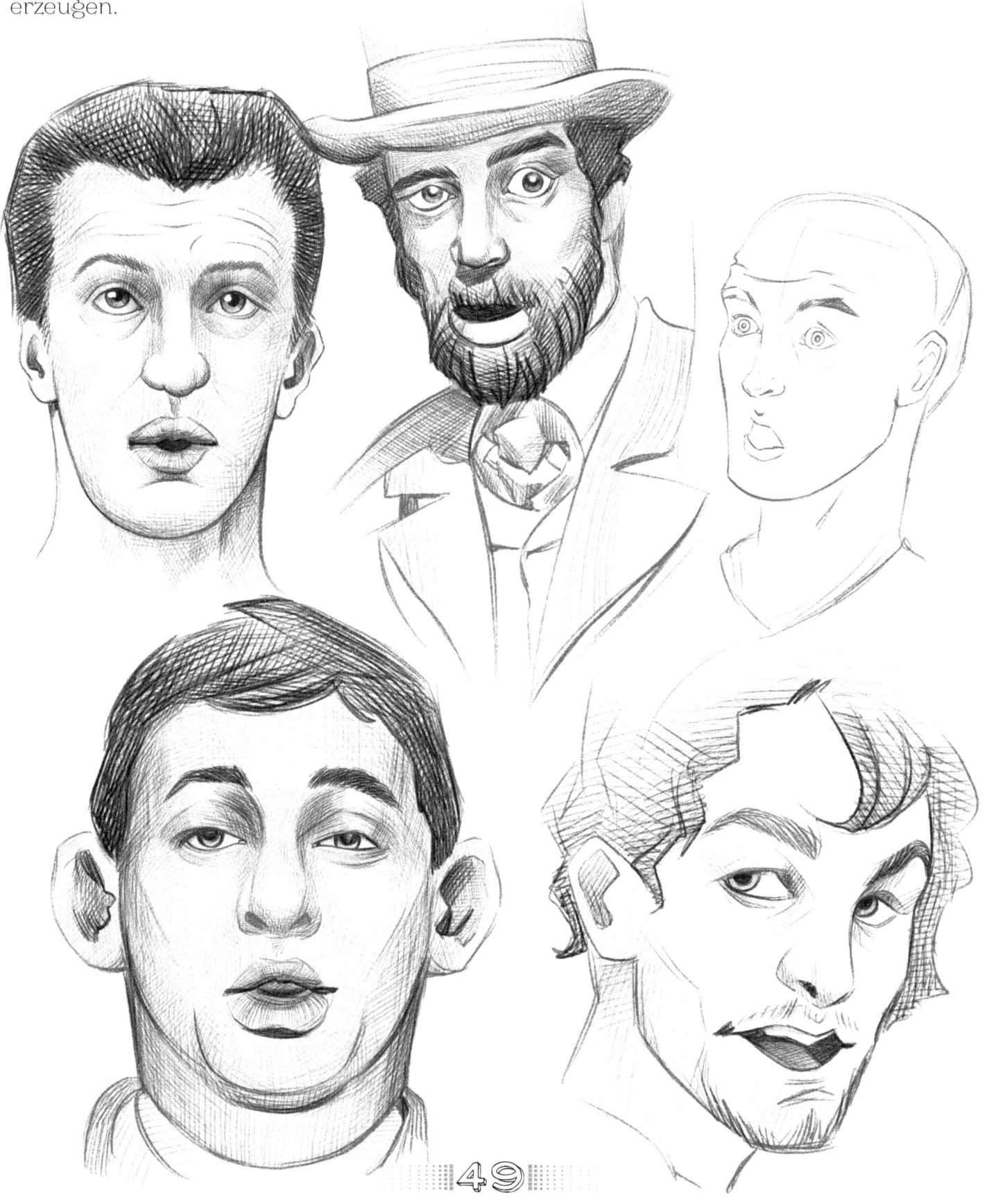

FURCHT: Geweitete Augen mit sichtbarem Weiß, hochgezogene Augenbrauen und ein leicht geöffneter Mund vermitteln Angst. Kalte, gedämpfte Farben und zittrige, unregelmäßige Linien können das Gefühl von Unbehagen und Verletzlichkeit verstärken.

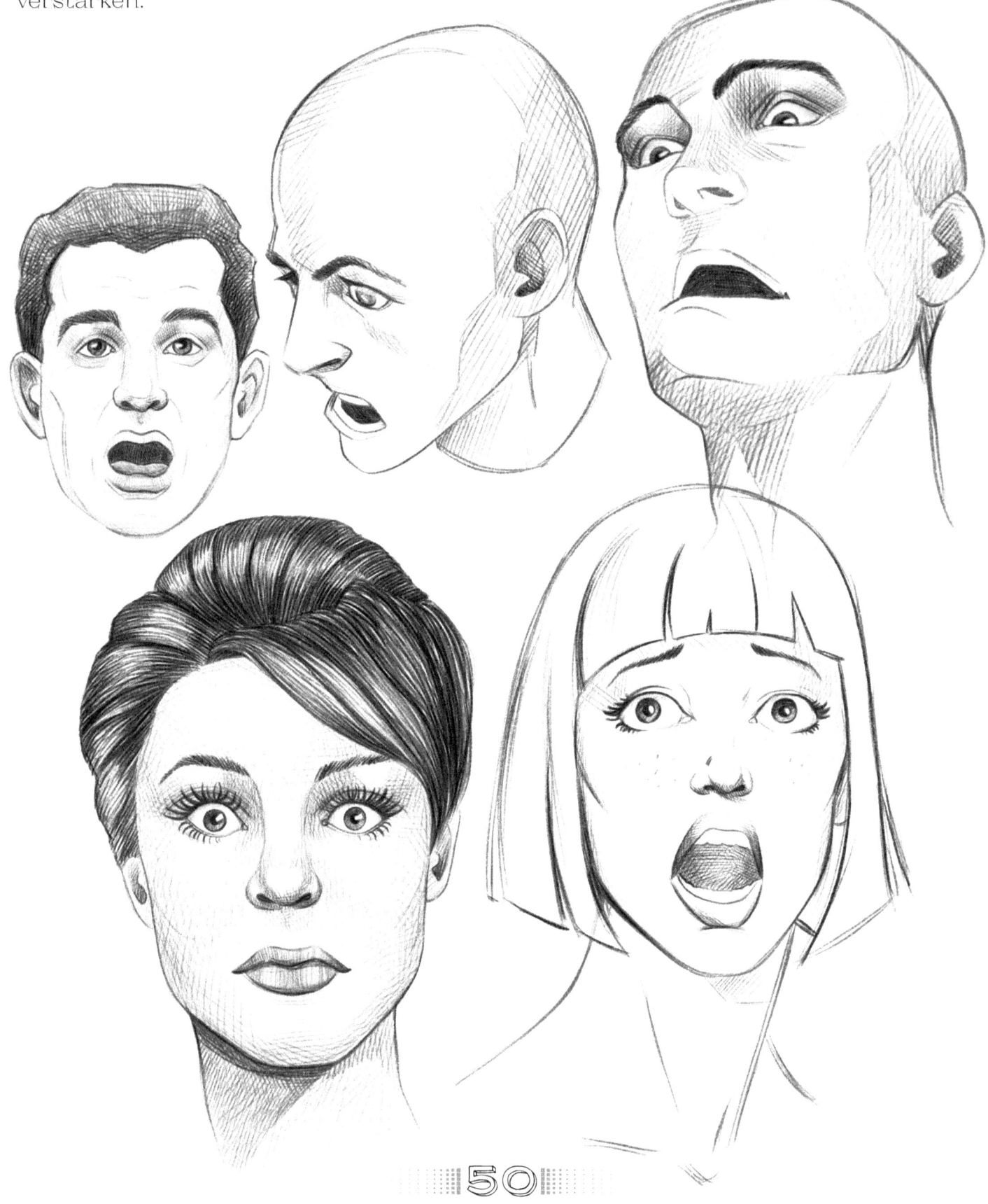

SELBSTVERTRAUEN: Eine entspannte Körperhaltung, ein erhobenes Kinn und ein ruhiger Blick zeugen von Selbstvertrauen. Verwenden Sie kräftige, starke Linien und leuchtende Farben, um ein Gefühl von Selbstvertrauen und Stärke zu vermitteln.

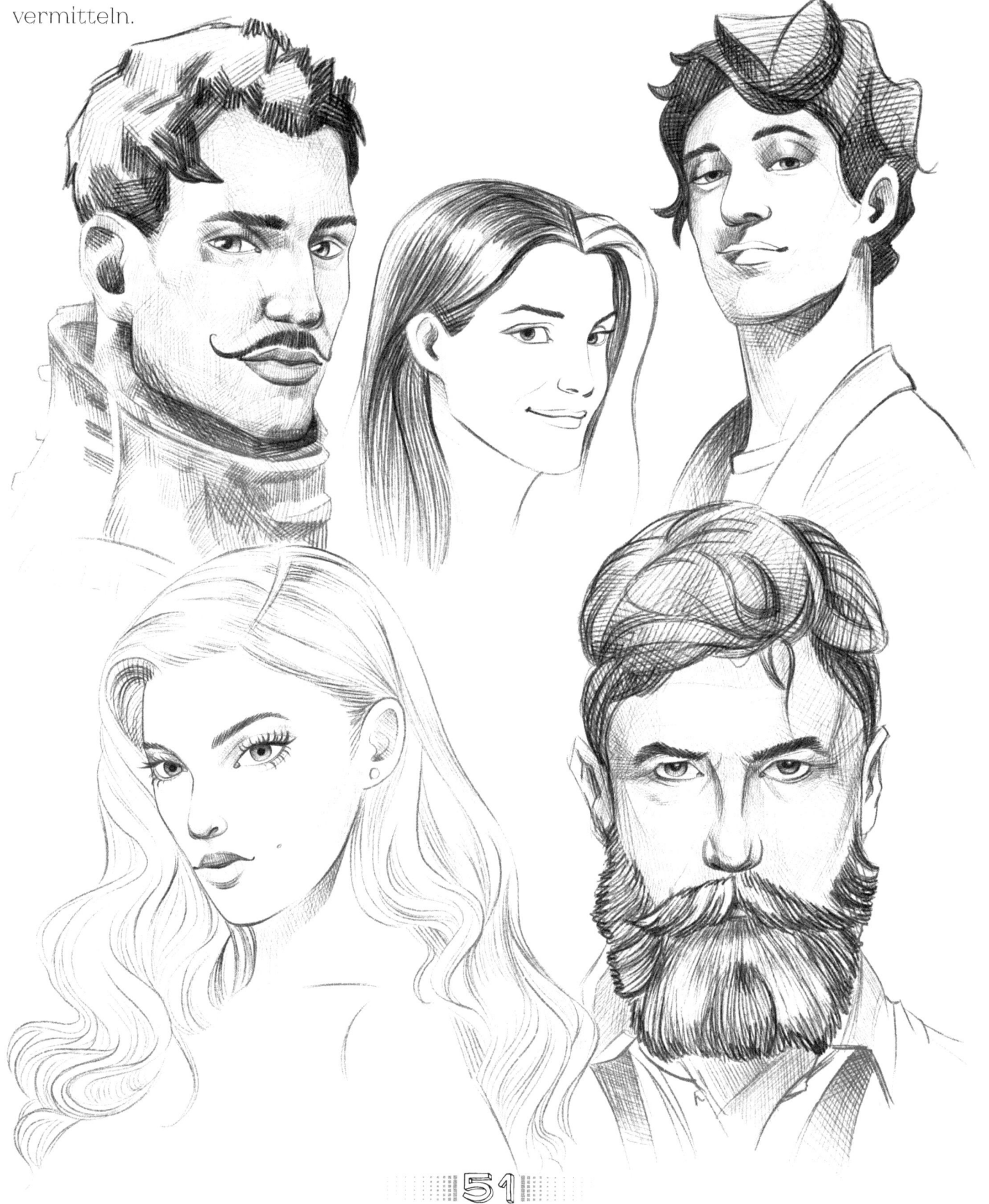

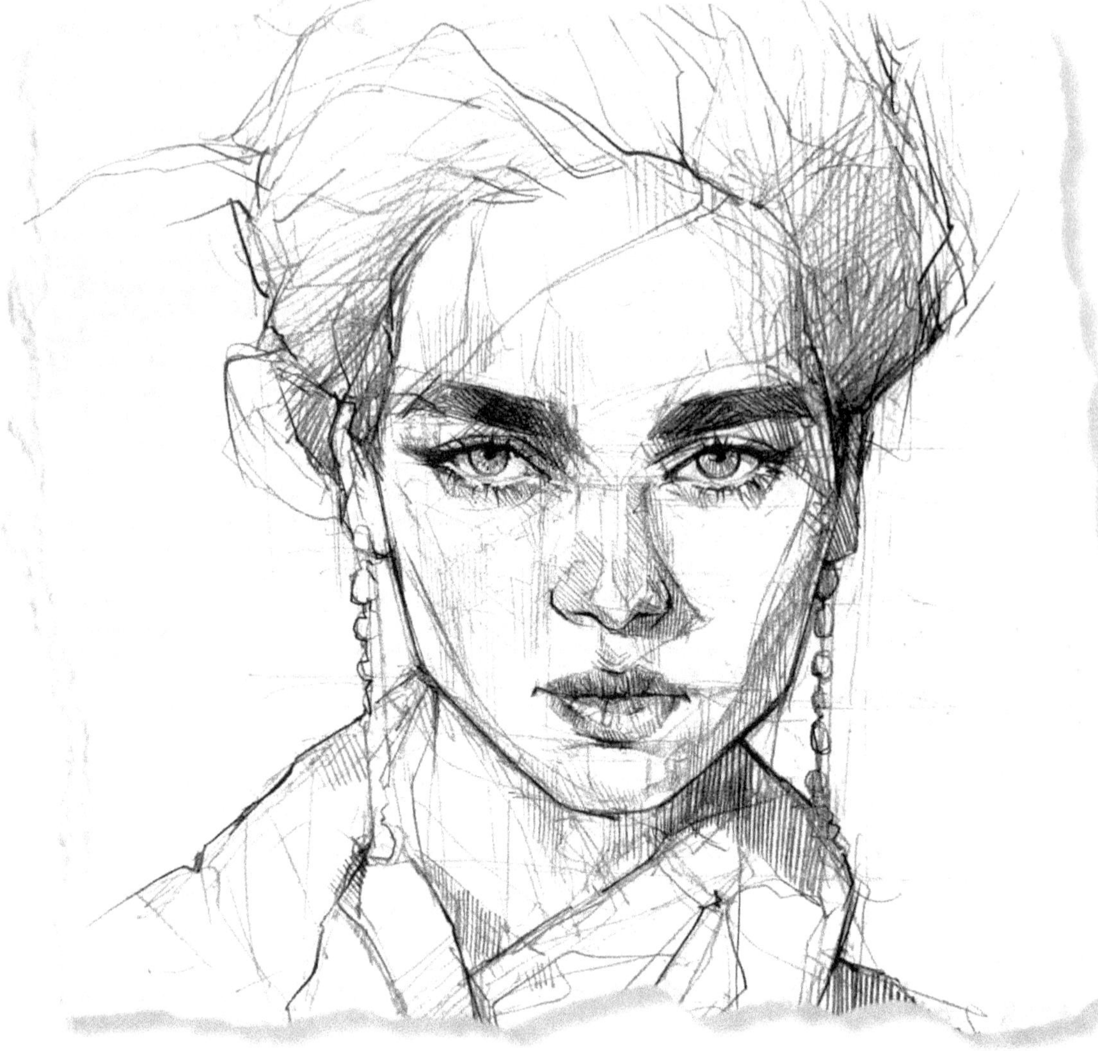

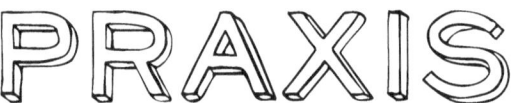

PRAXIS

Wir freuen uns sehr, dass Sie mit Begeisterung in die Welt des Zeichnens eintauchen! Ausgehend von den Grundlagen einfacher Formen haben Sie nun gelernt, Dimensionen zu schaffen, Kompositionen zu gestalten und verschiedene Themen darzustellen. Wir sind zuversichtlich, dass Sie unsere Tutorials weiter erforschen und noch mehr spannende Übungseinheiten finden werden, die auf Sie warten! Vielleicht gelingt es Ihnen am Ende dieser Reise mühelos, Menschen in Ihrer Umgebung oder Figuren, die Sie mögen, zu skizzieren.

 Lassen Sie uns auf diesem kreativen Weg voranschreiten und unsere Zeichenkünste auf ein neues Niveau heben!

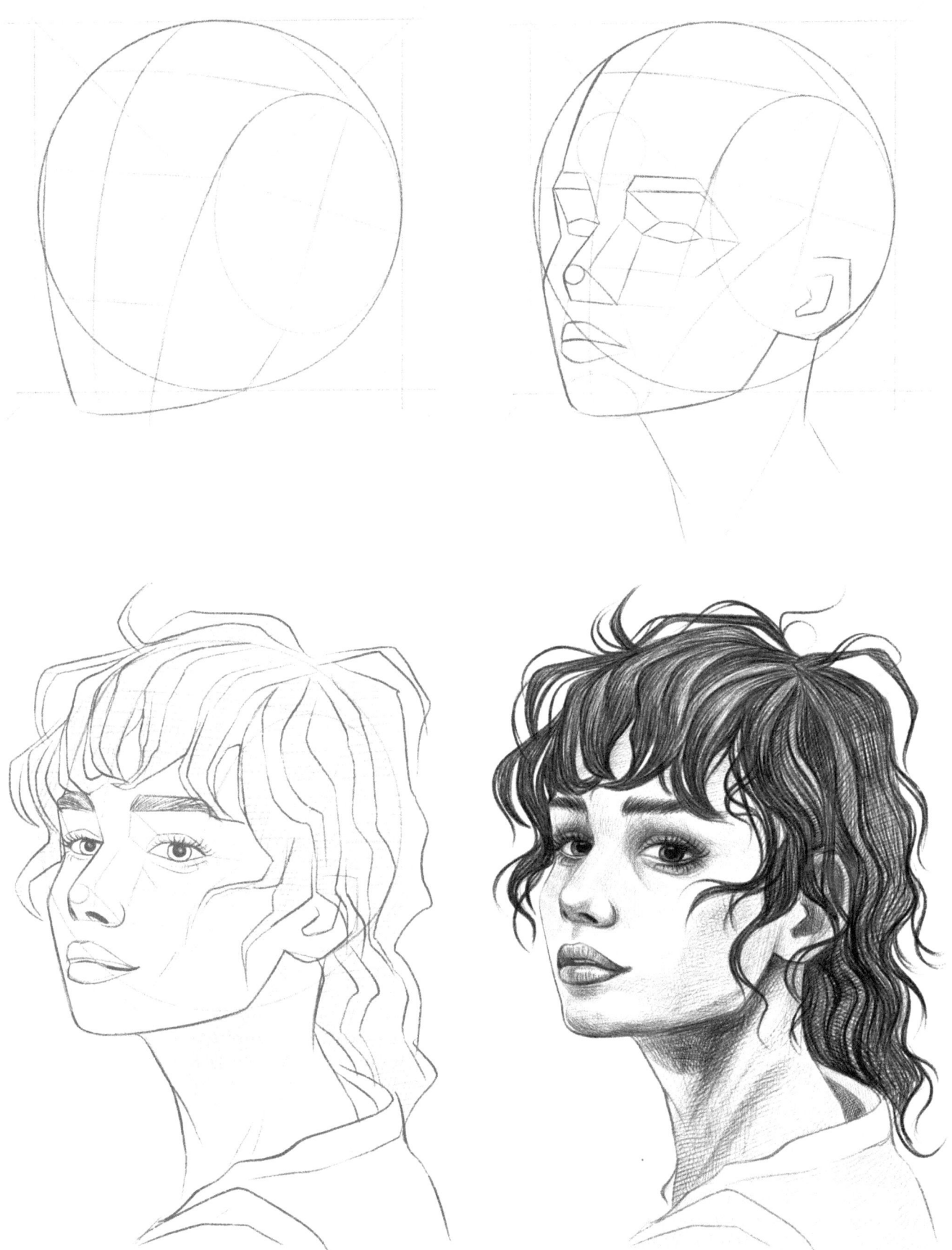

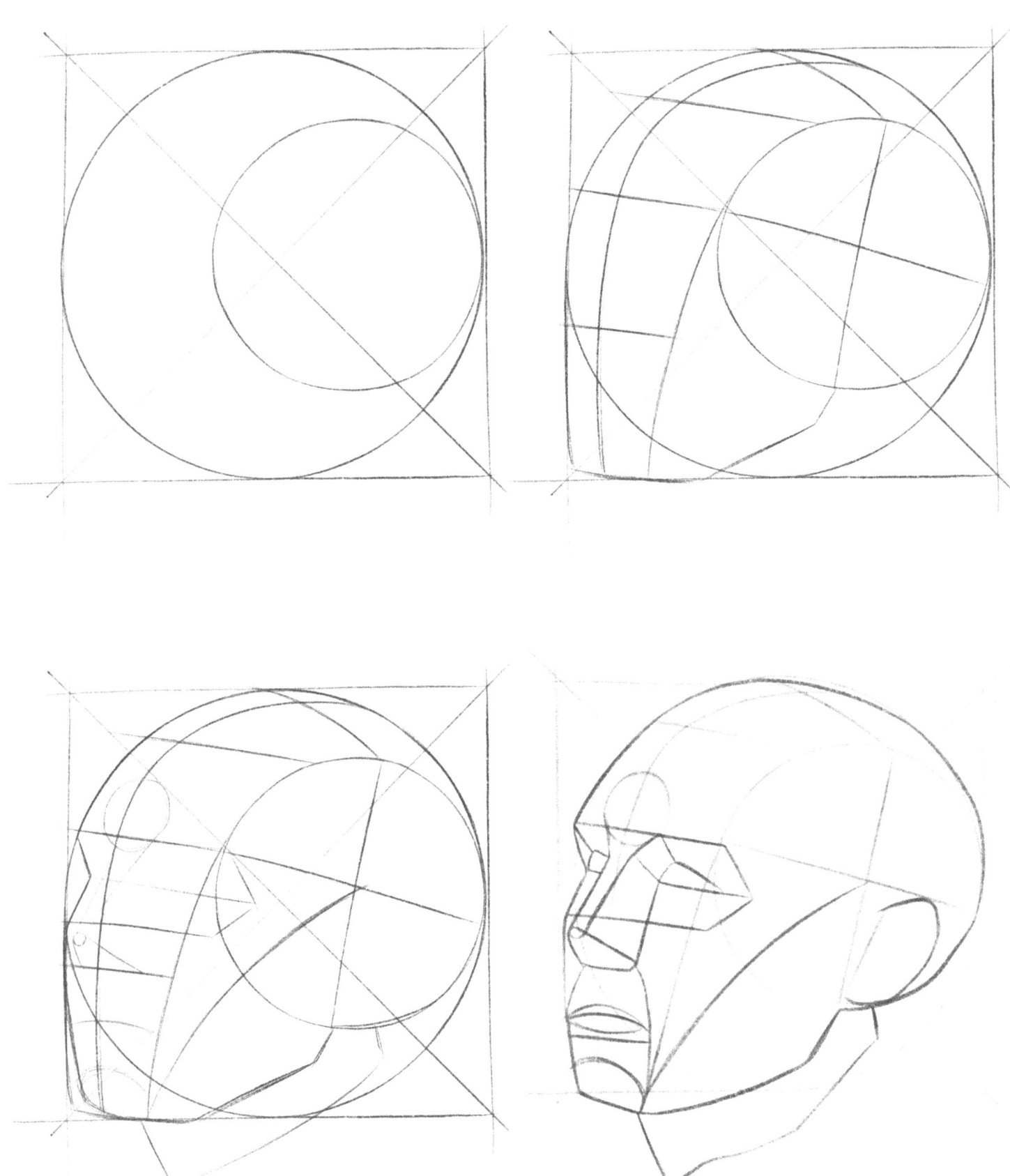

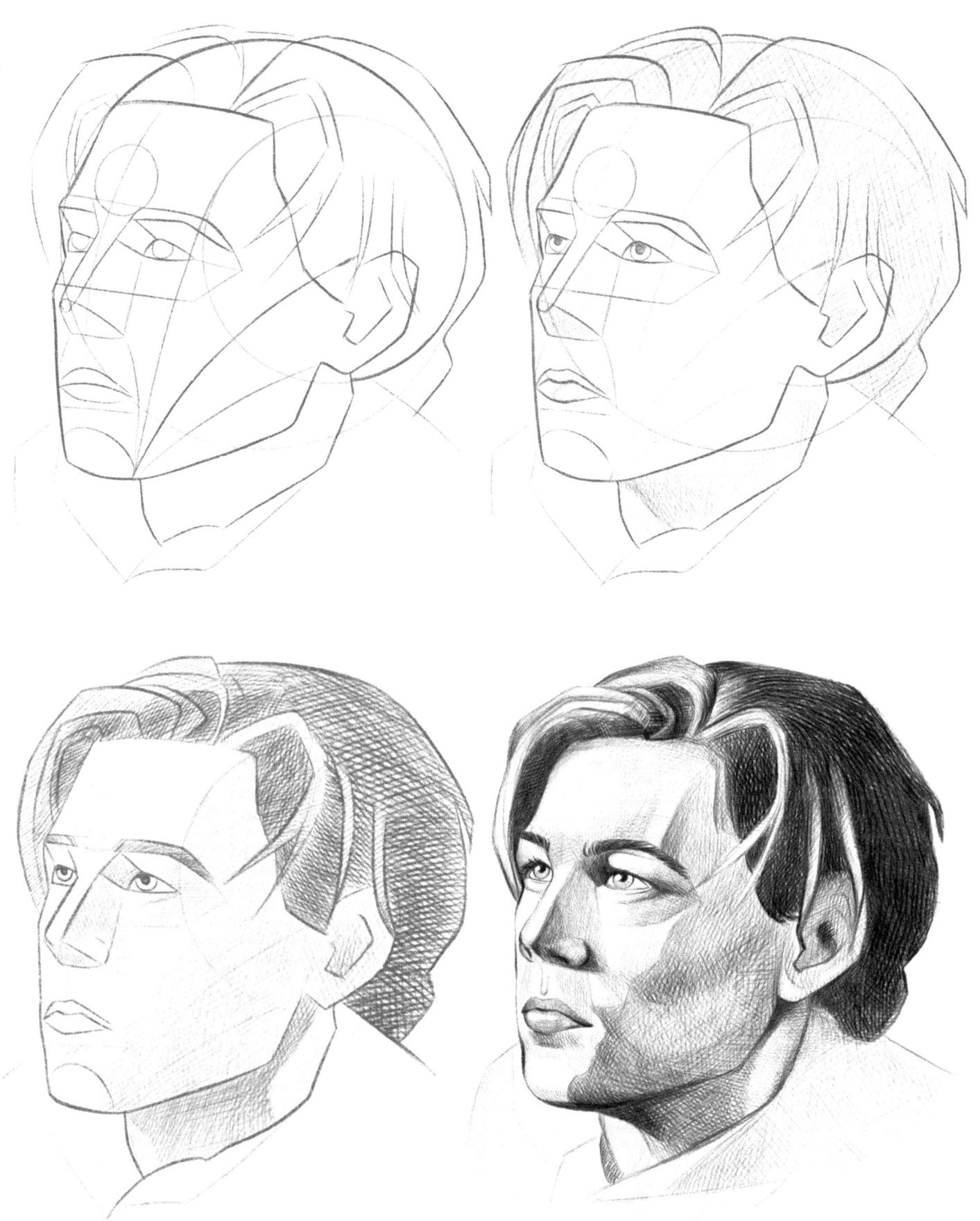

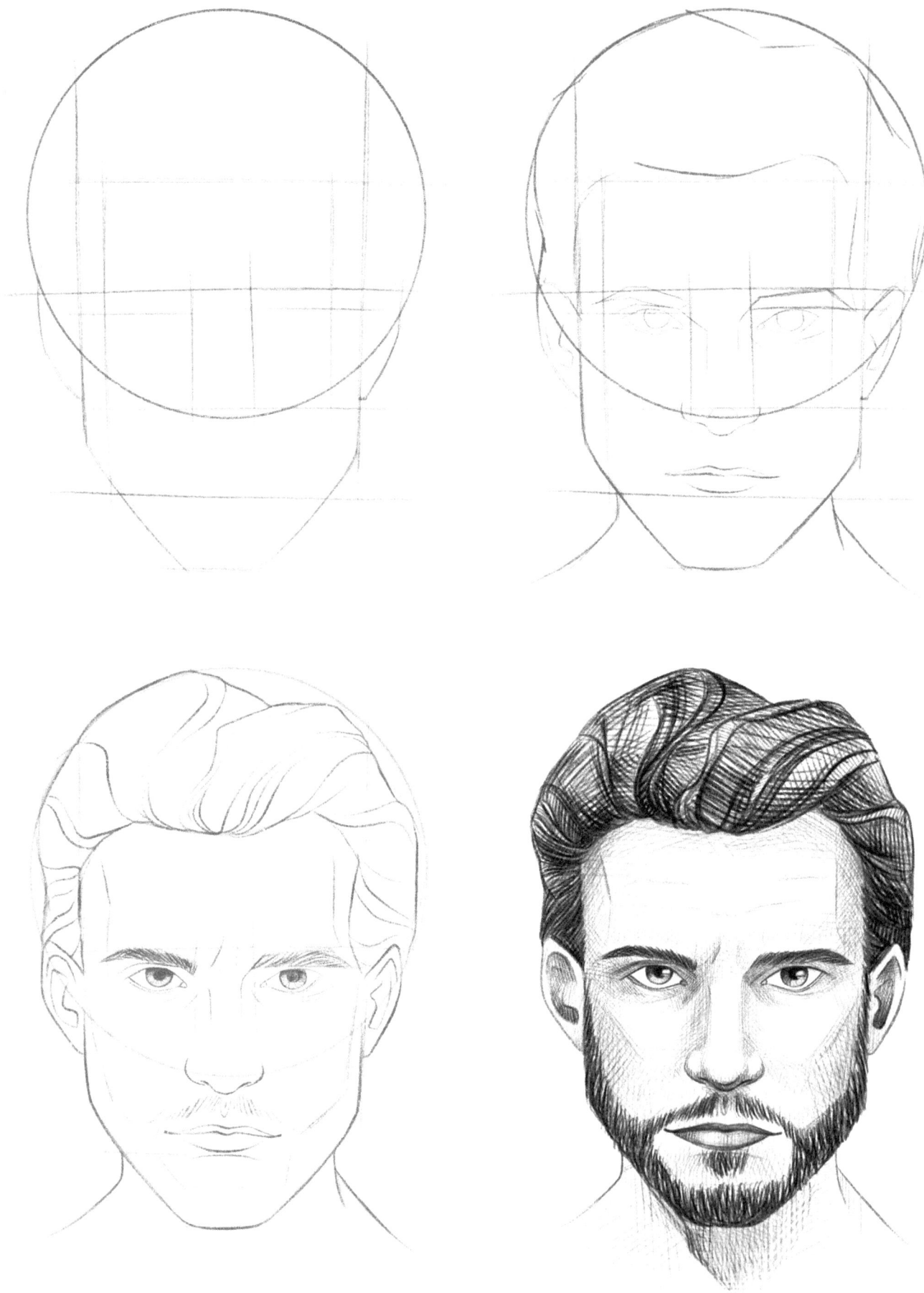

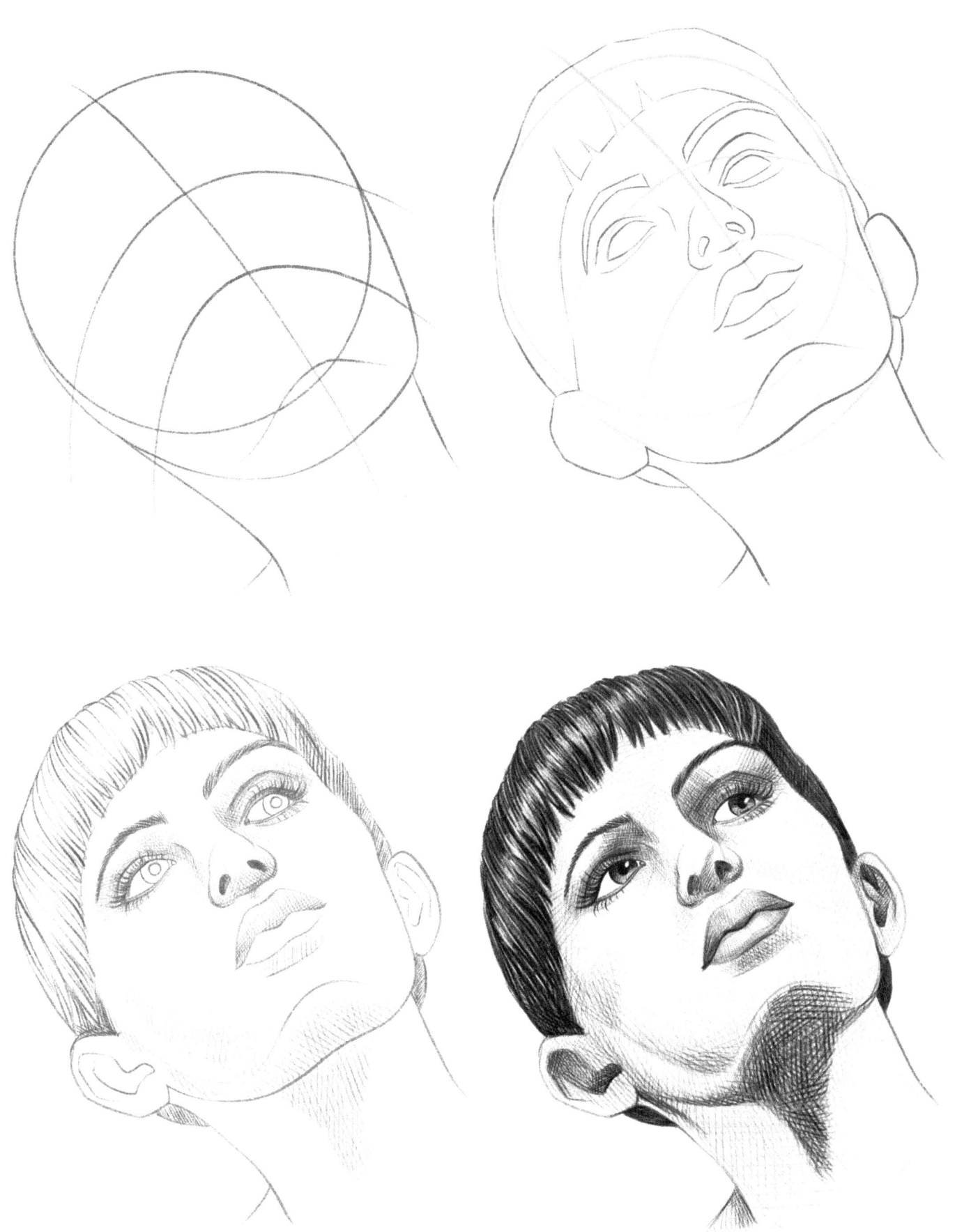

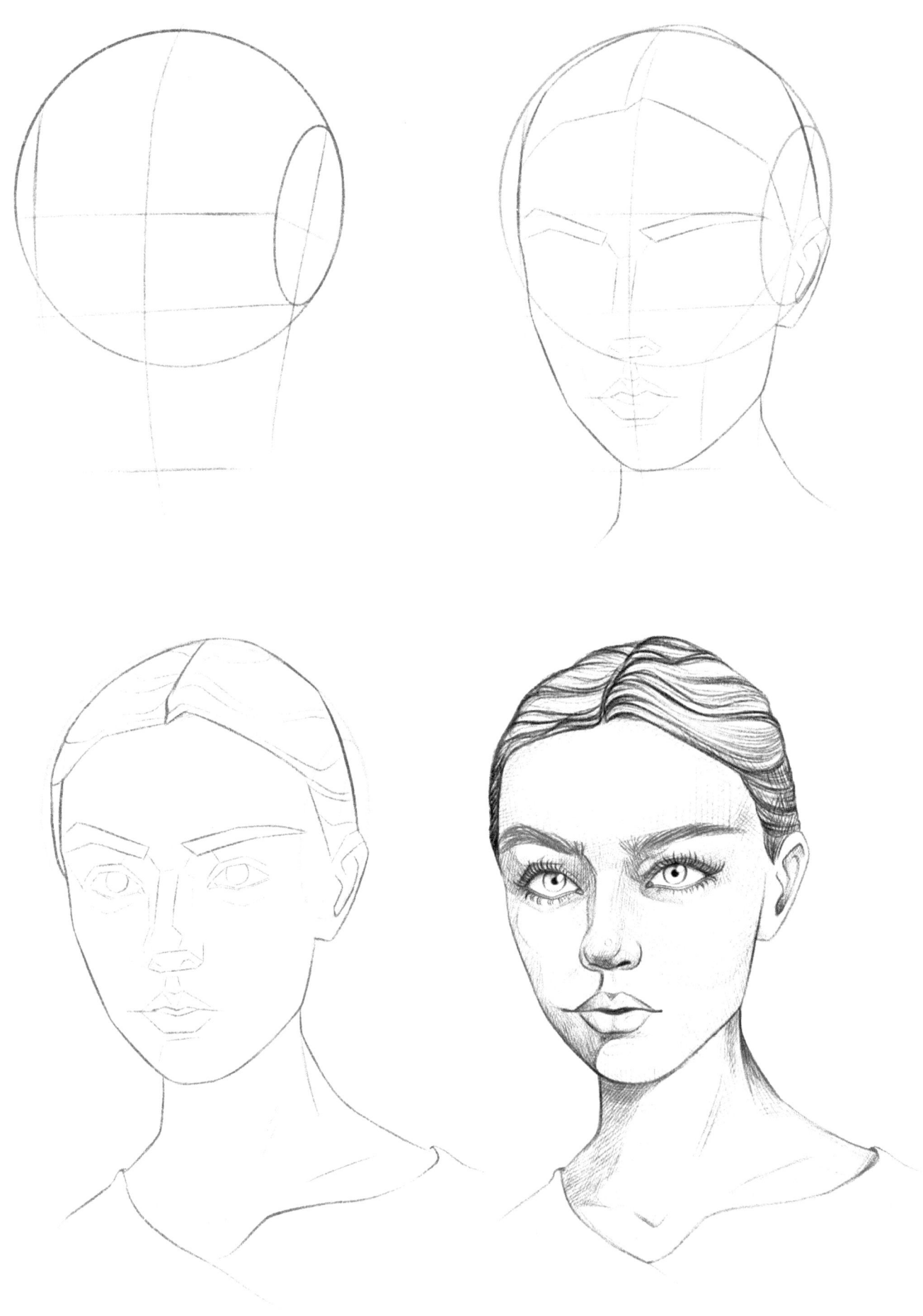

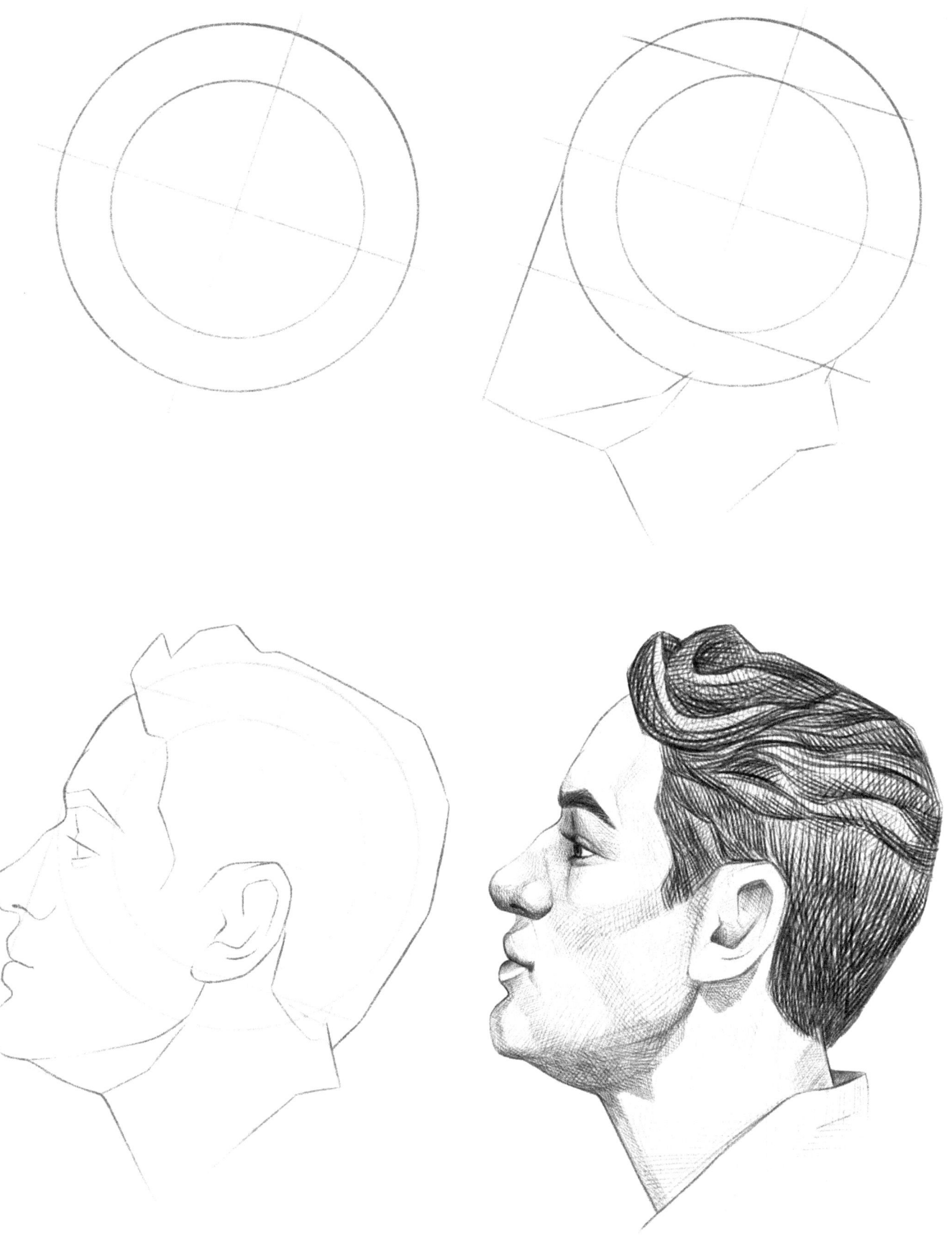

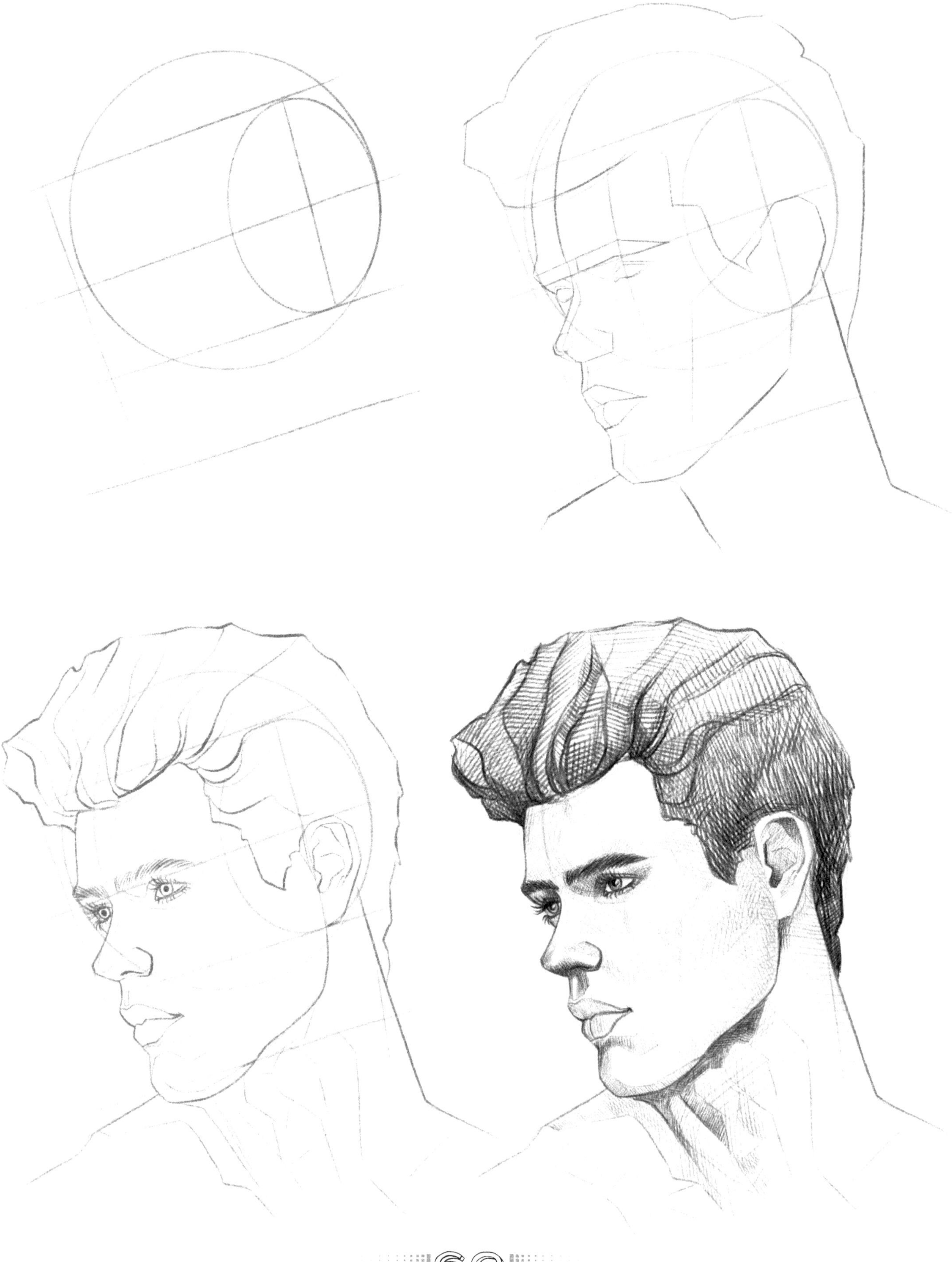

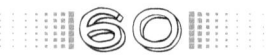

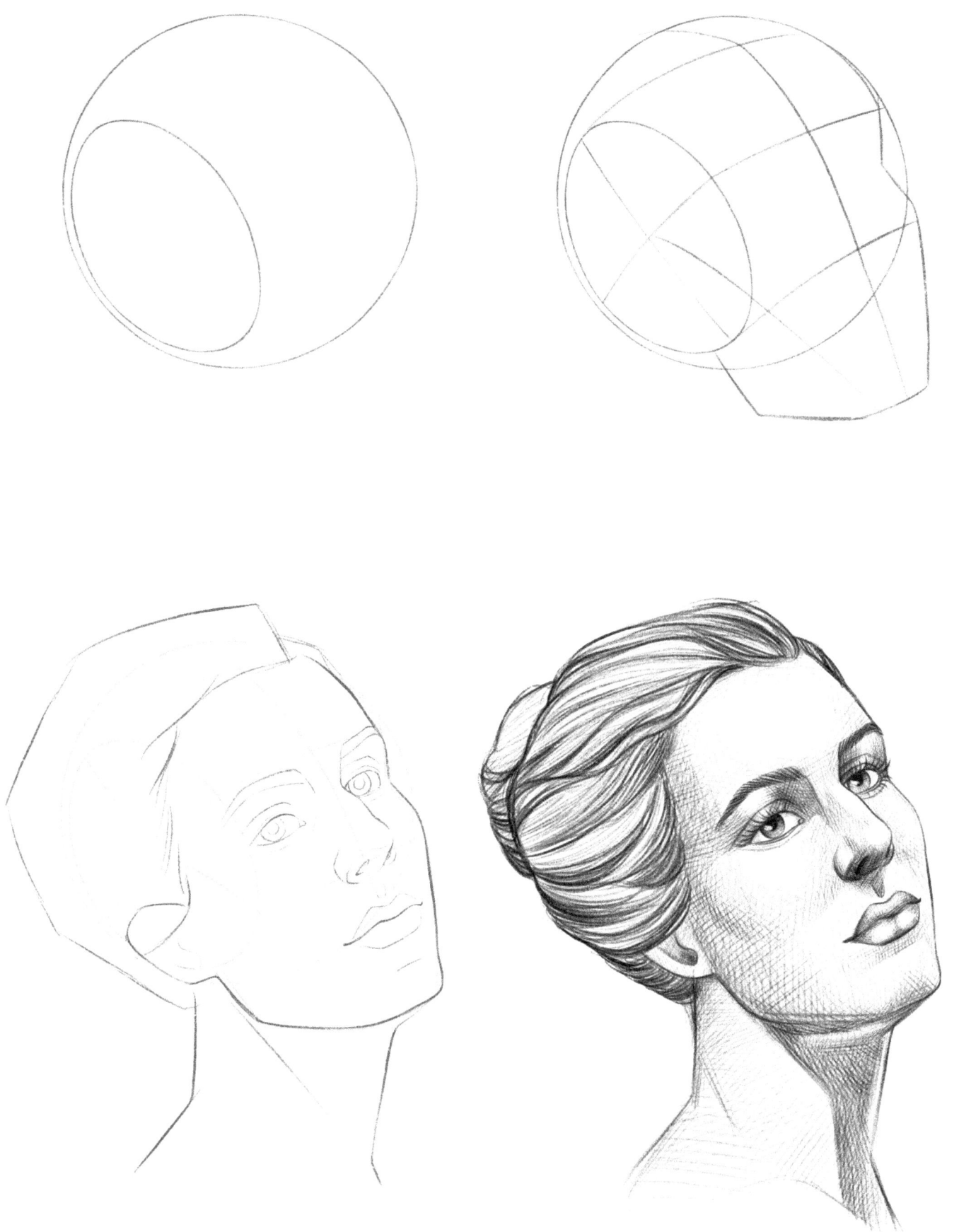

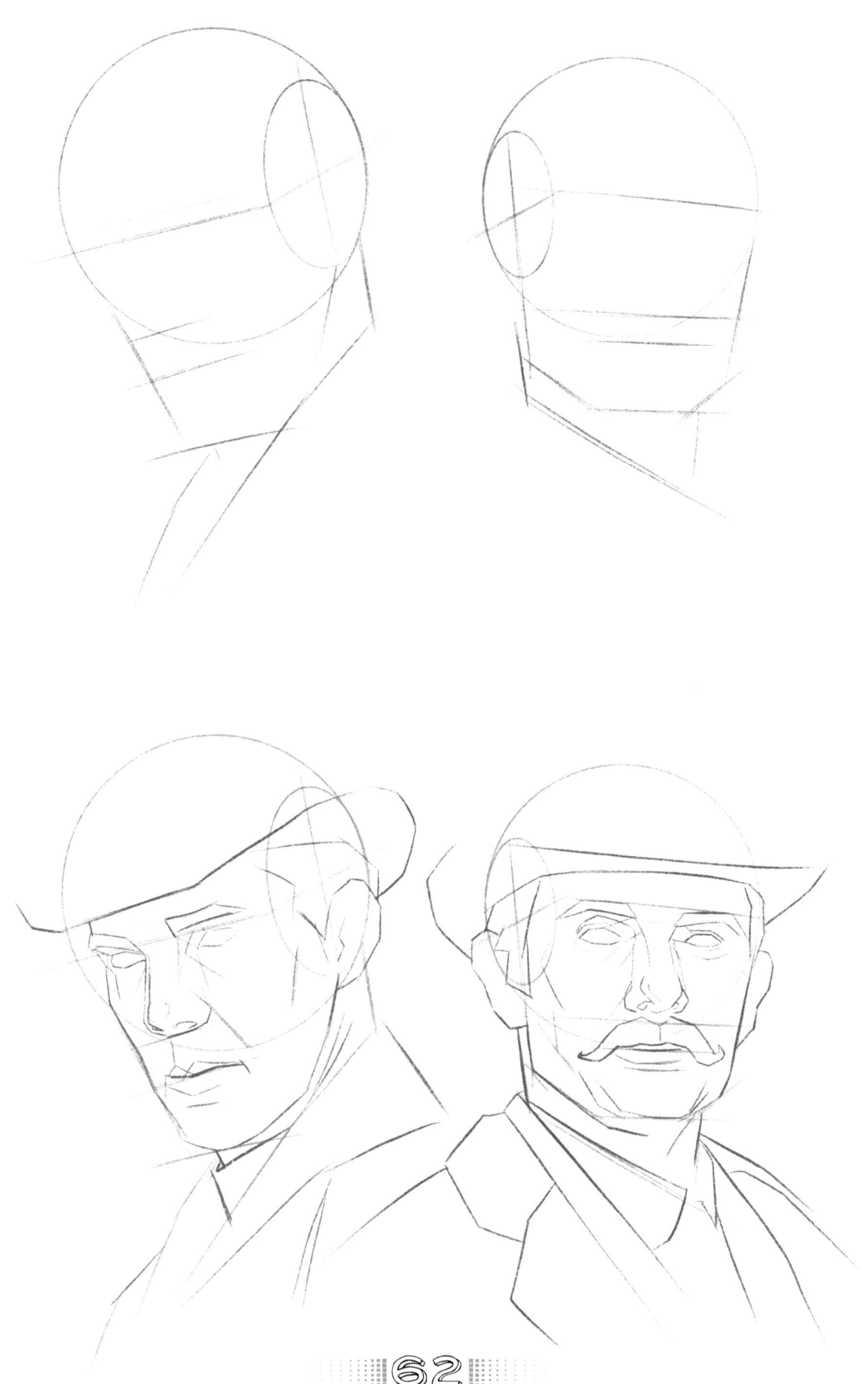

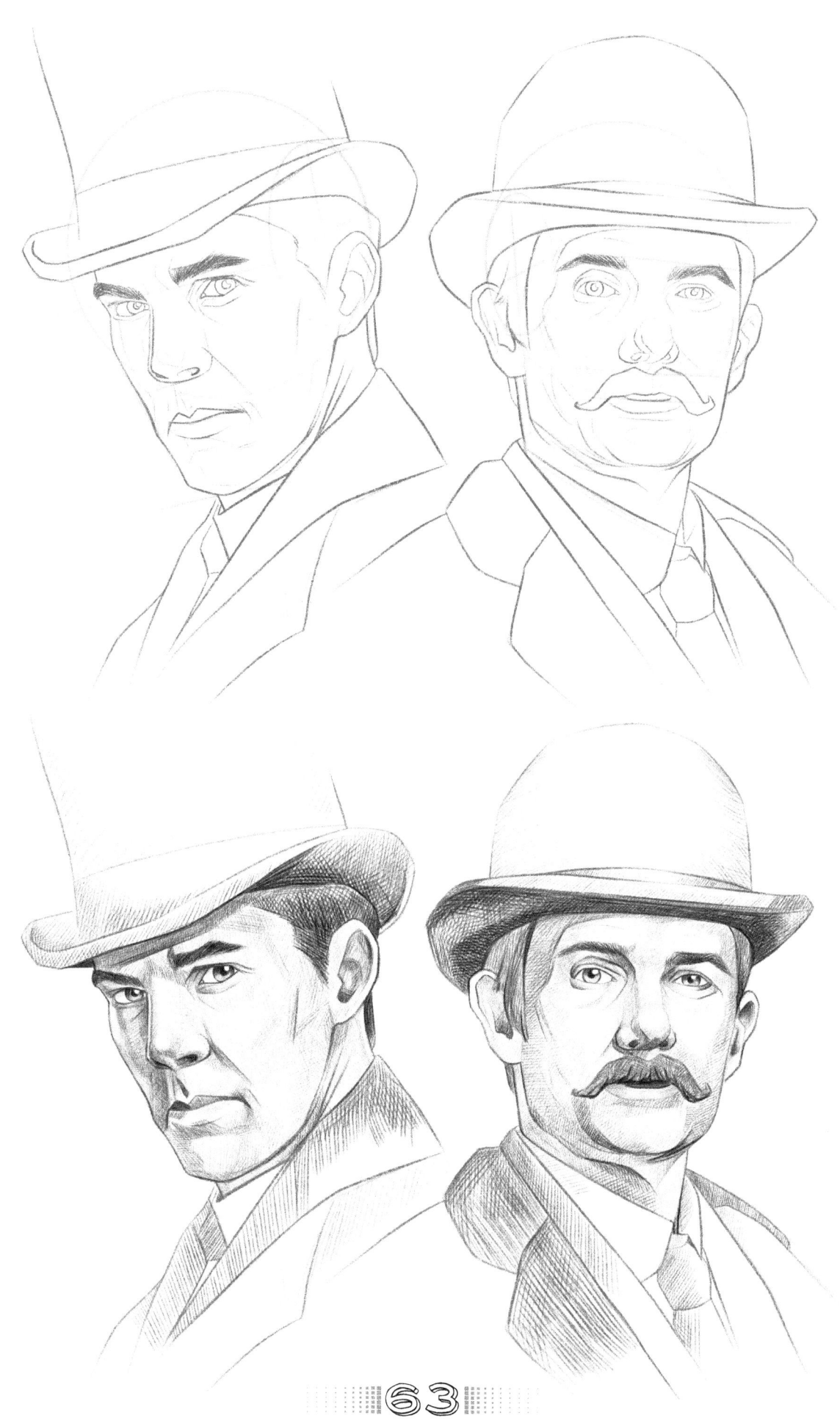

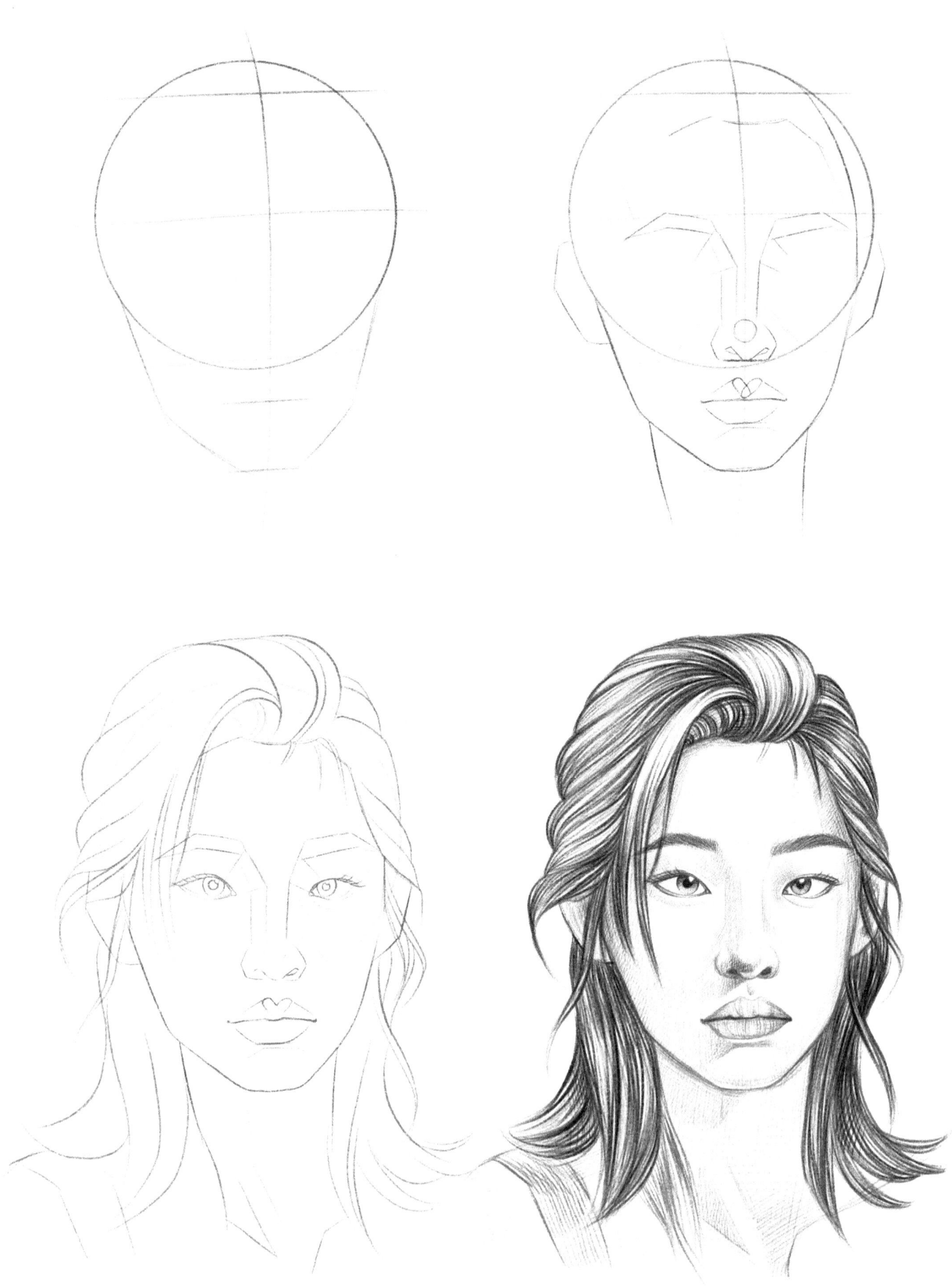

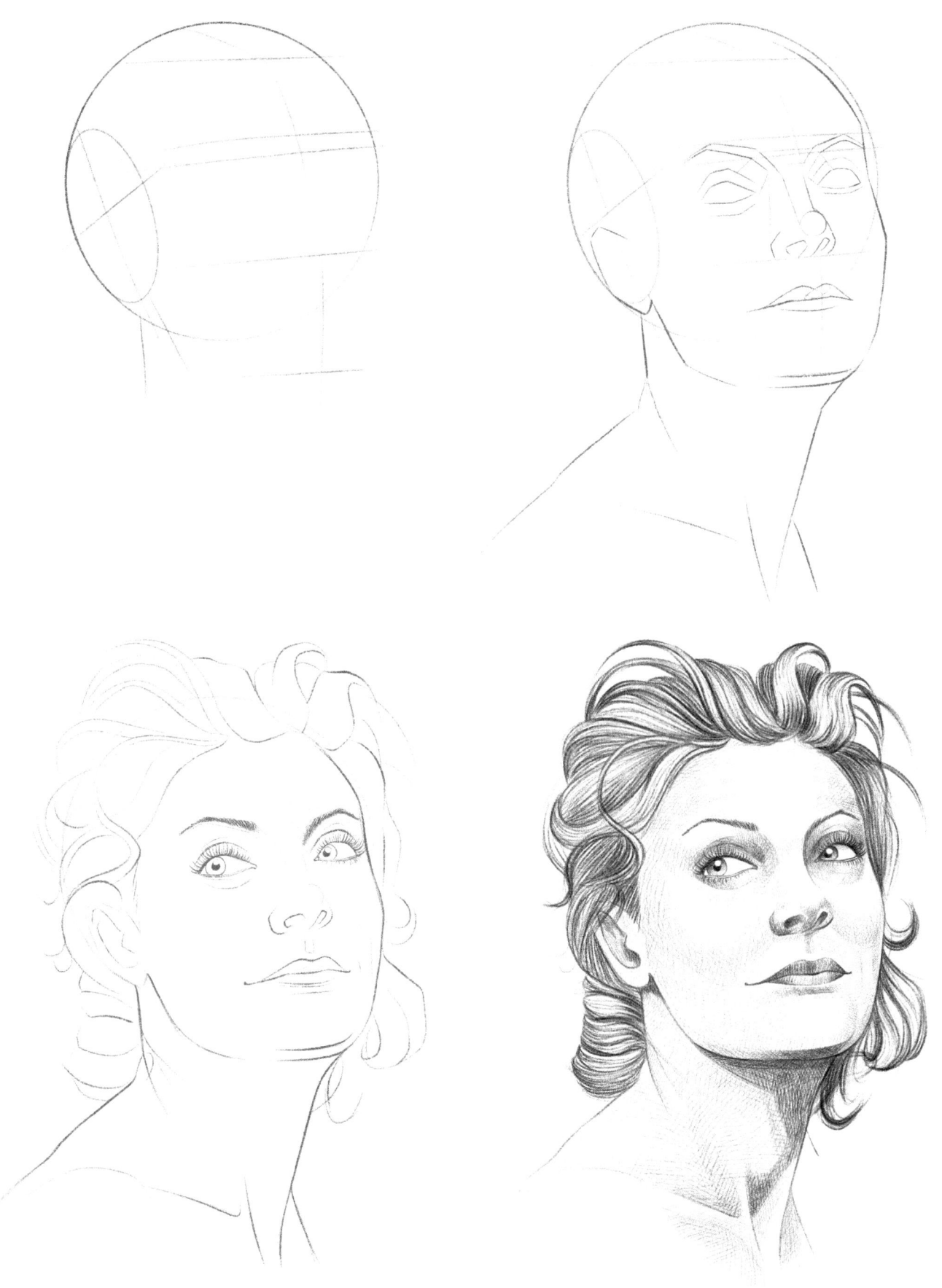

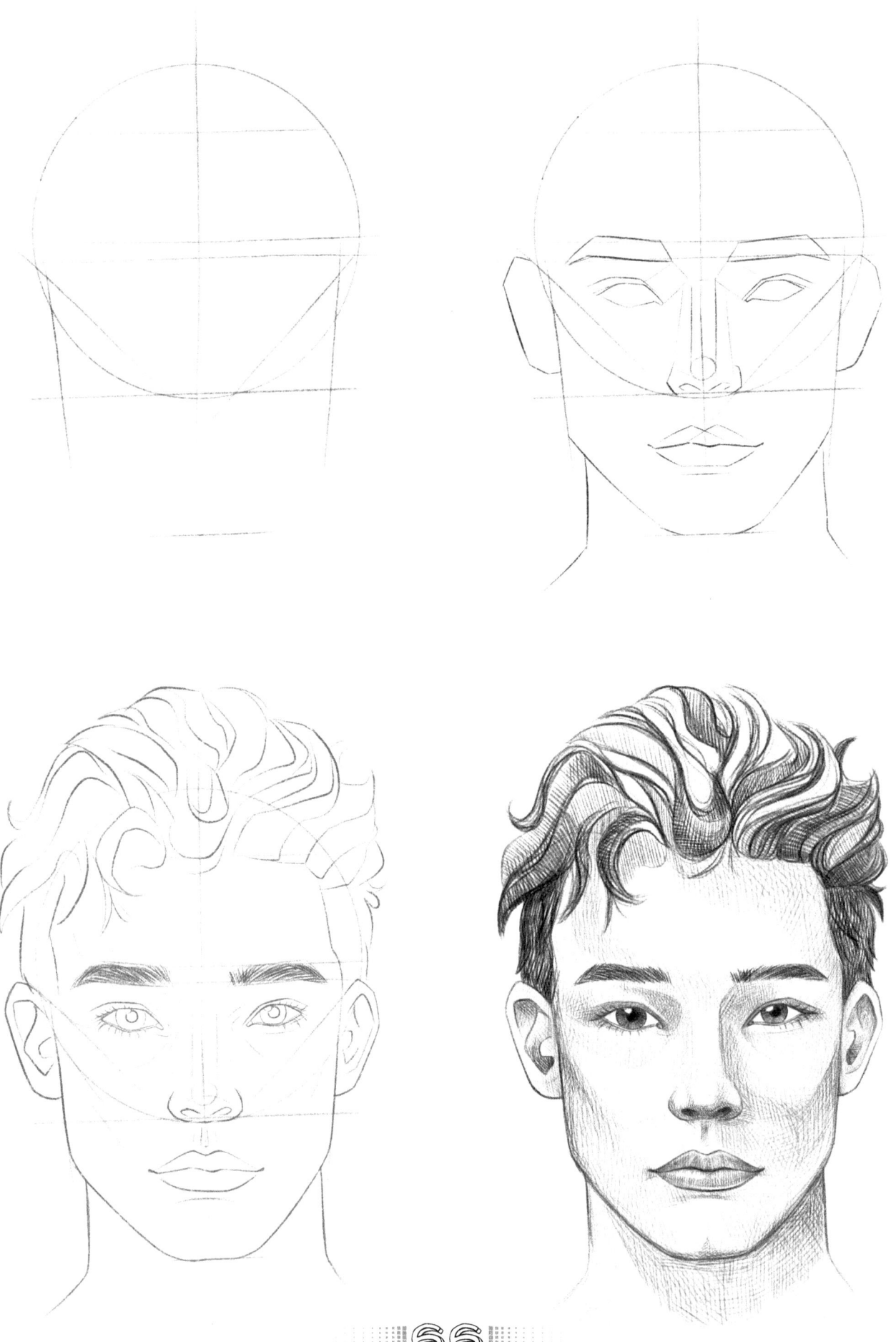

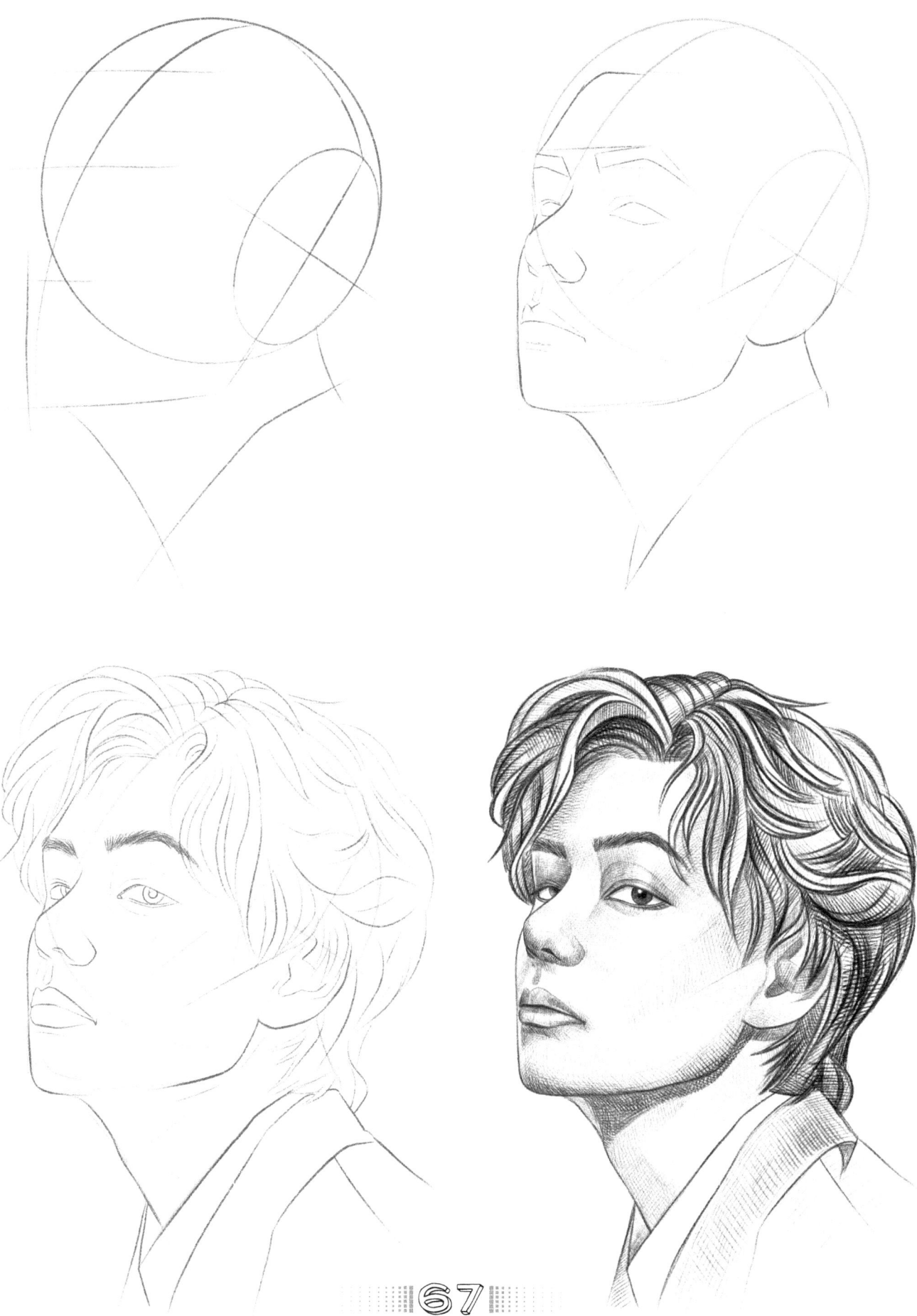

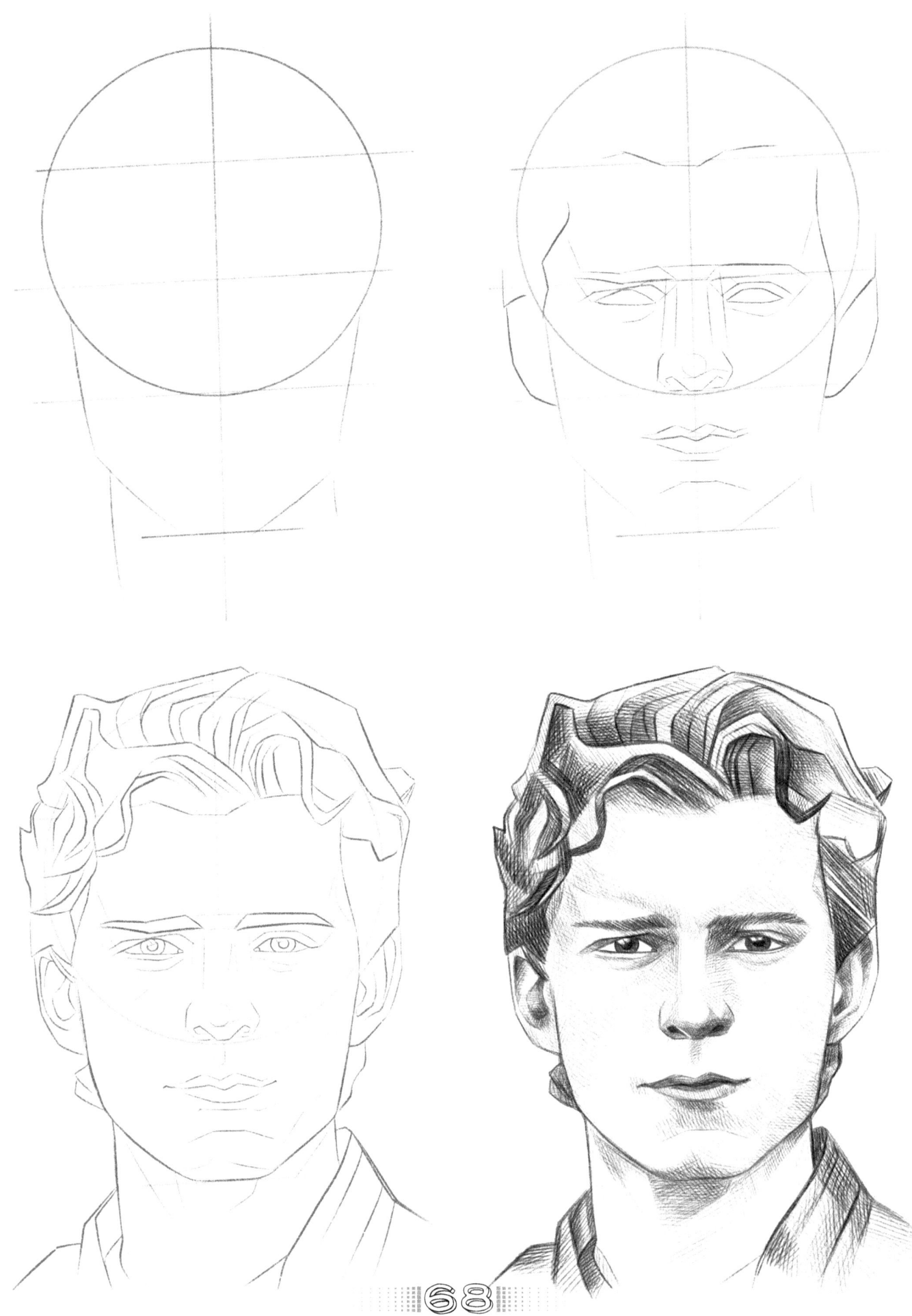

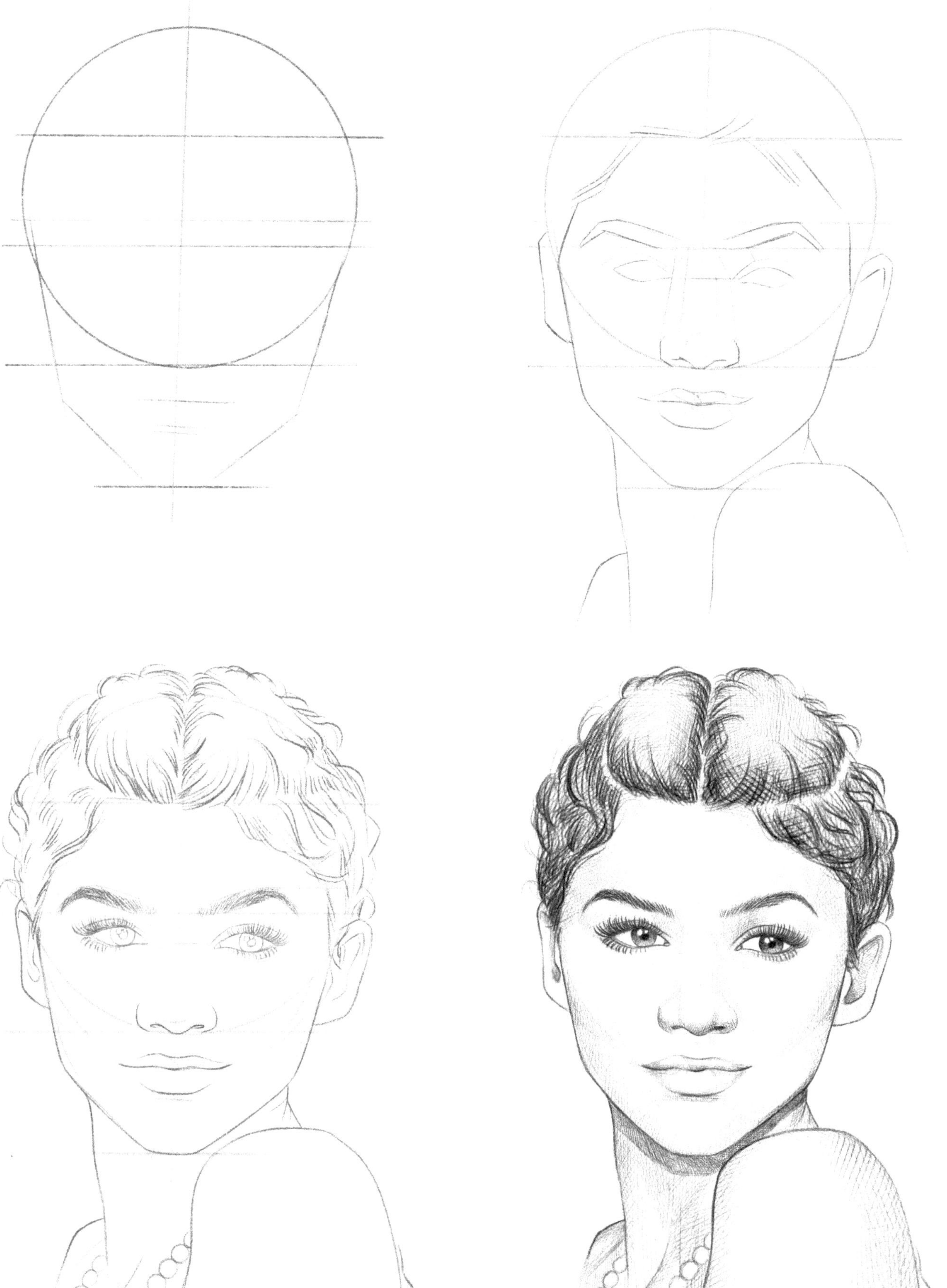

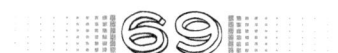

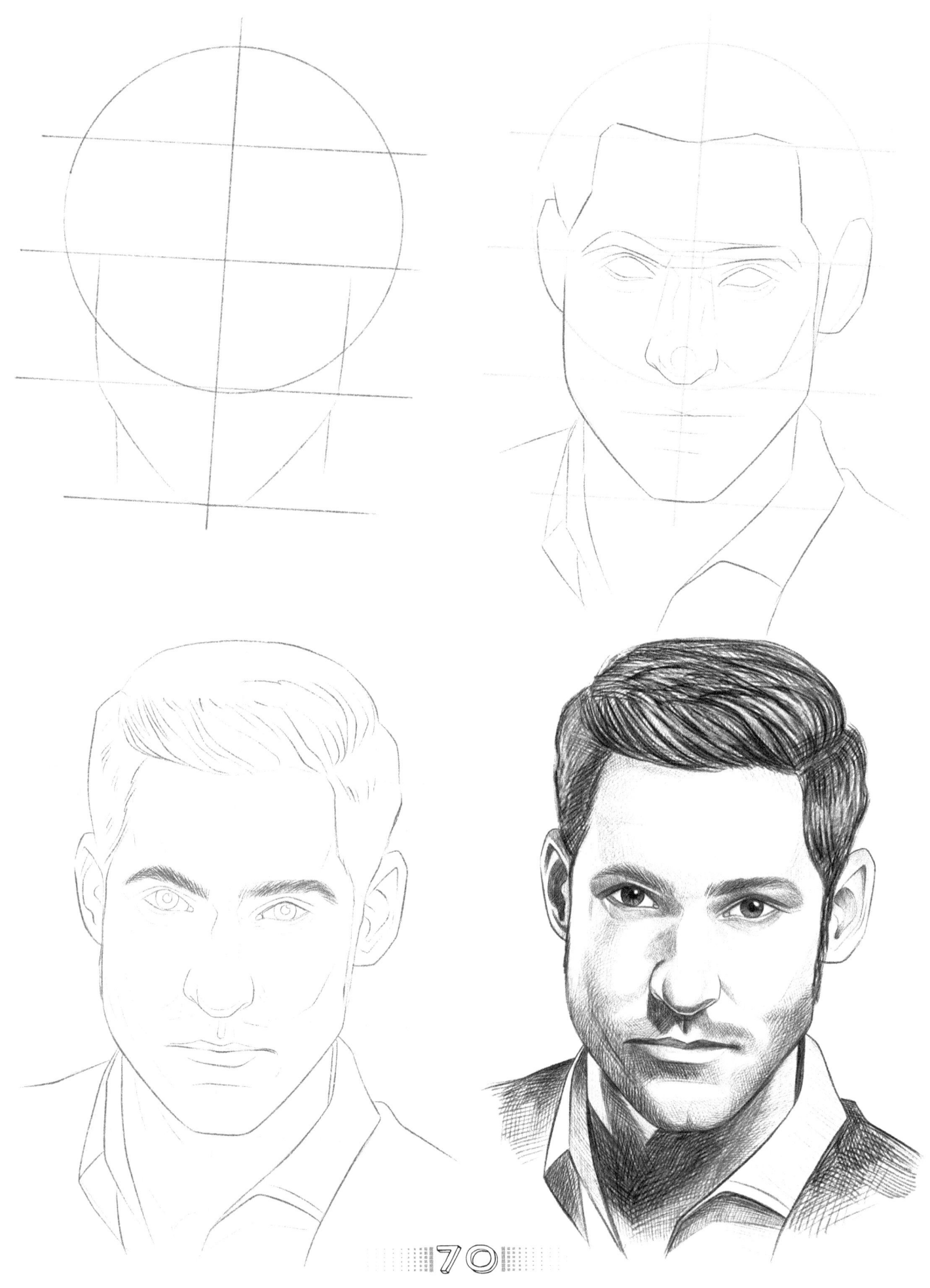

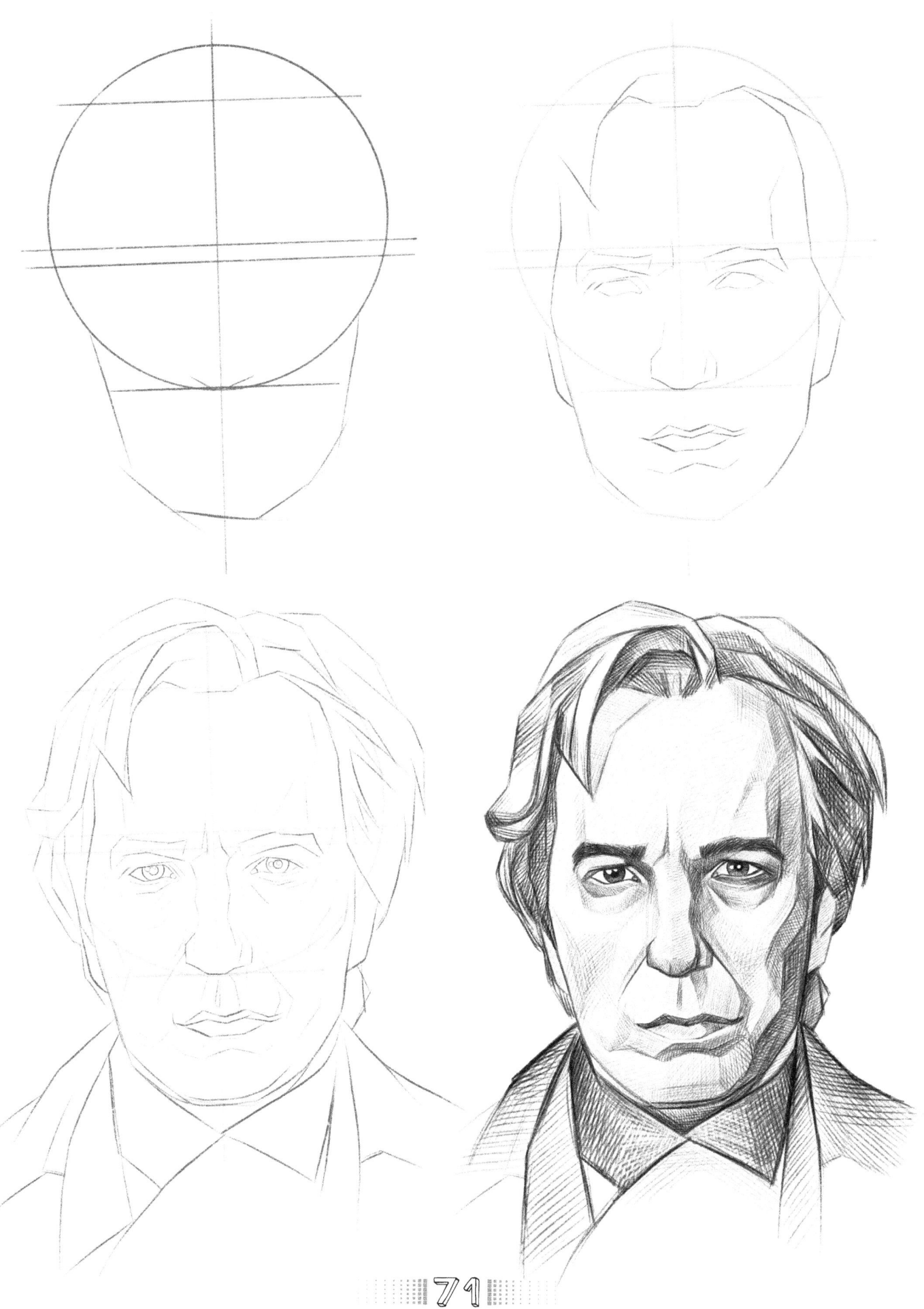

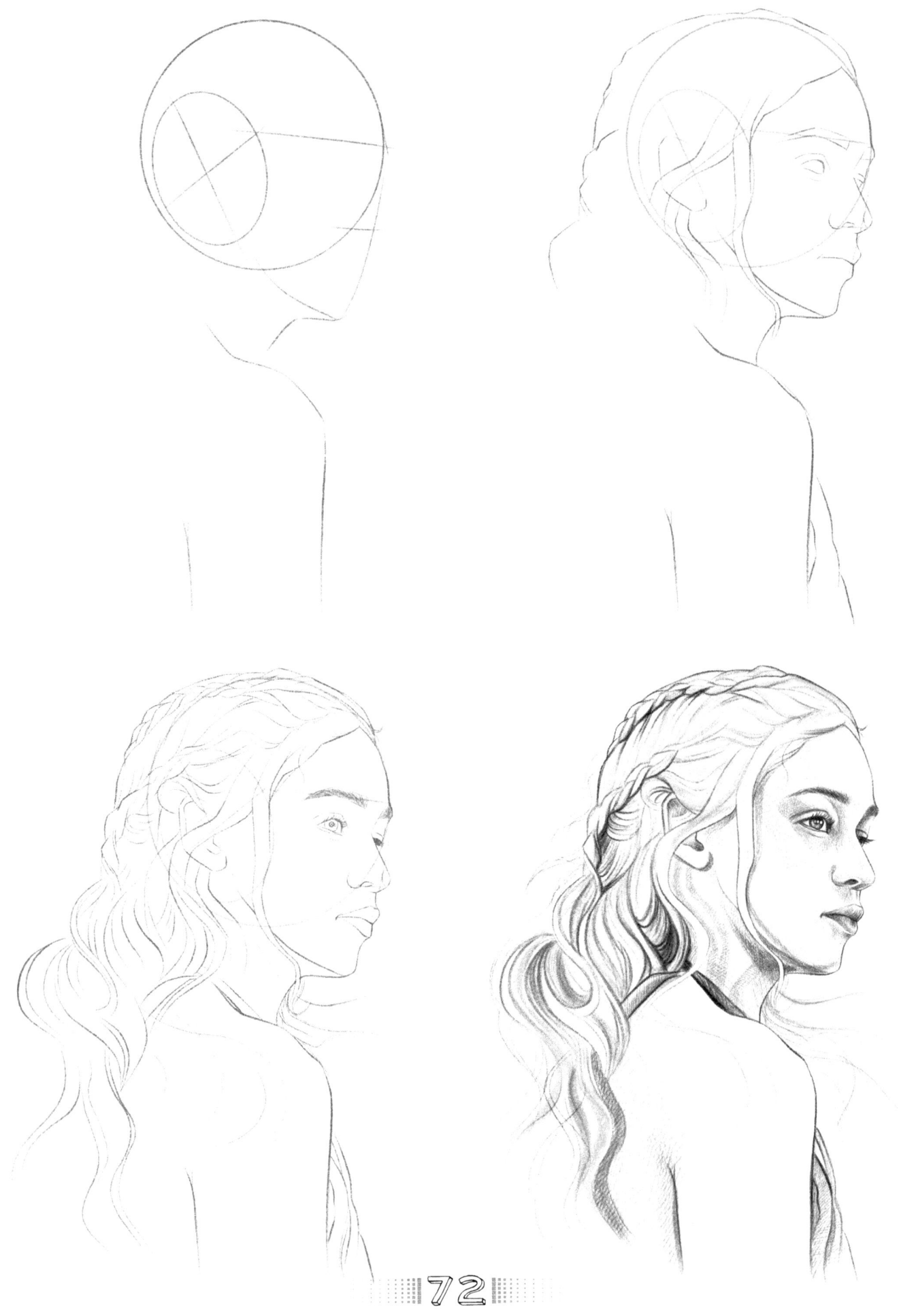

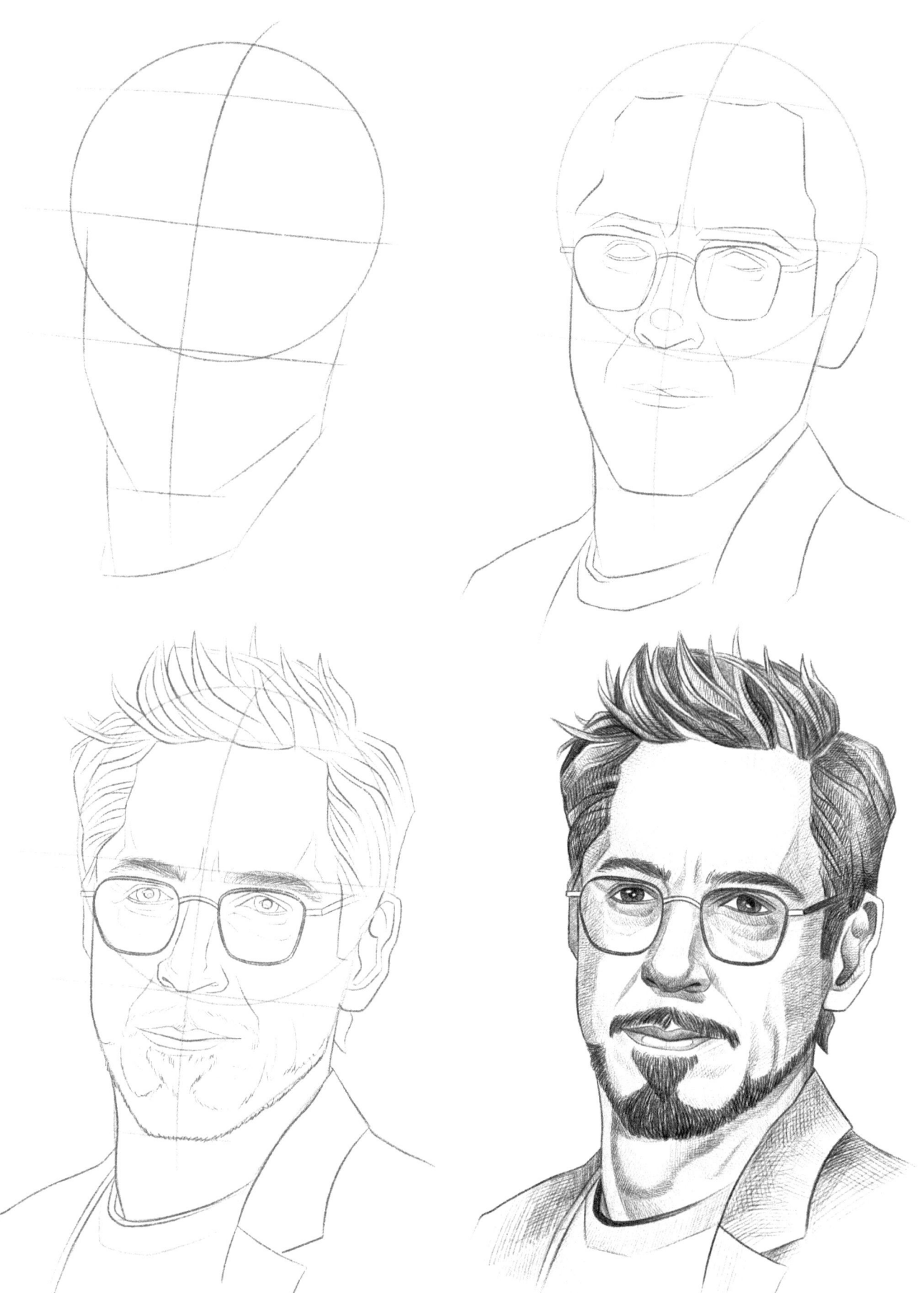

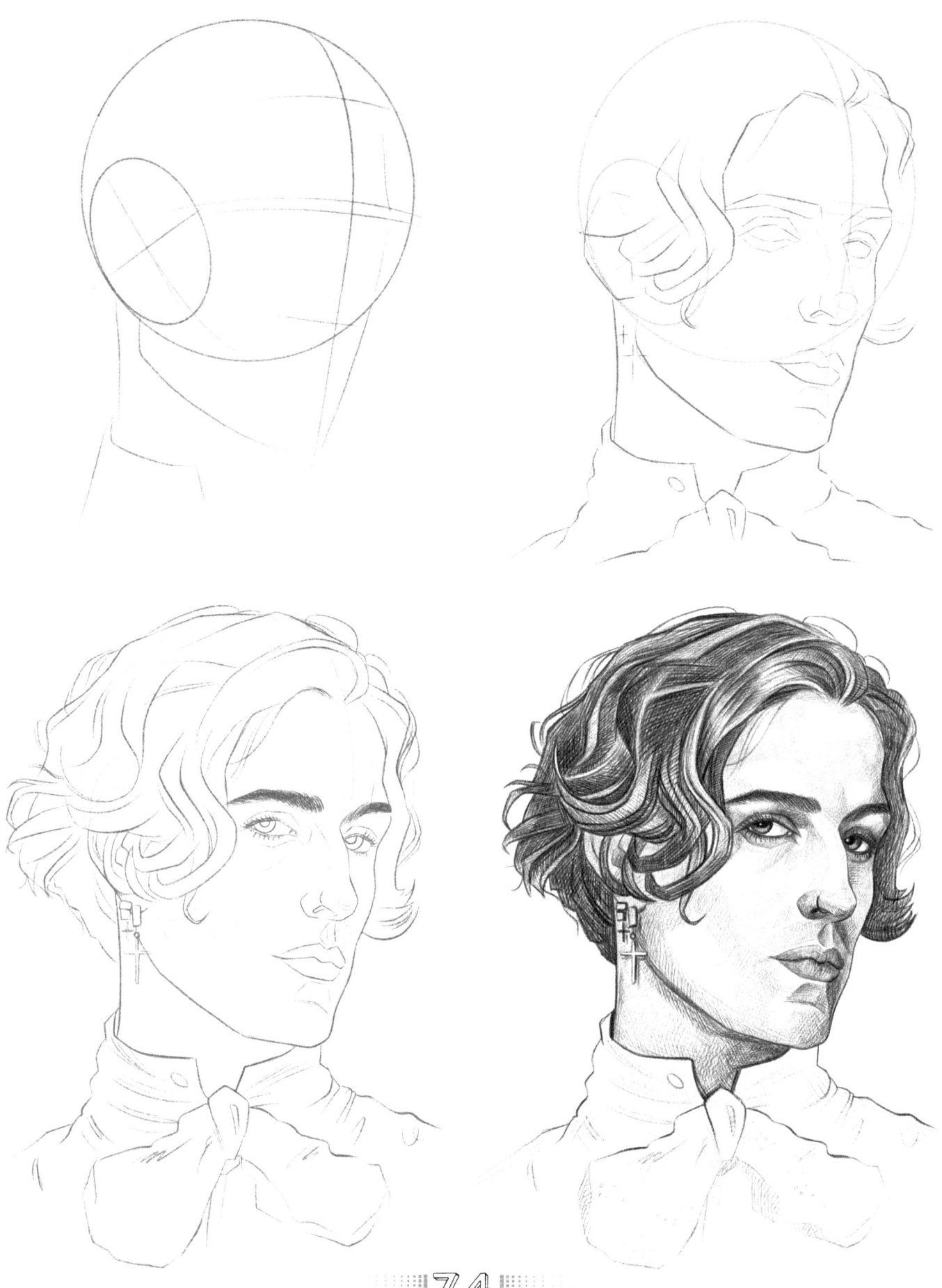

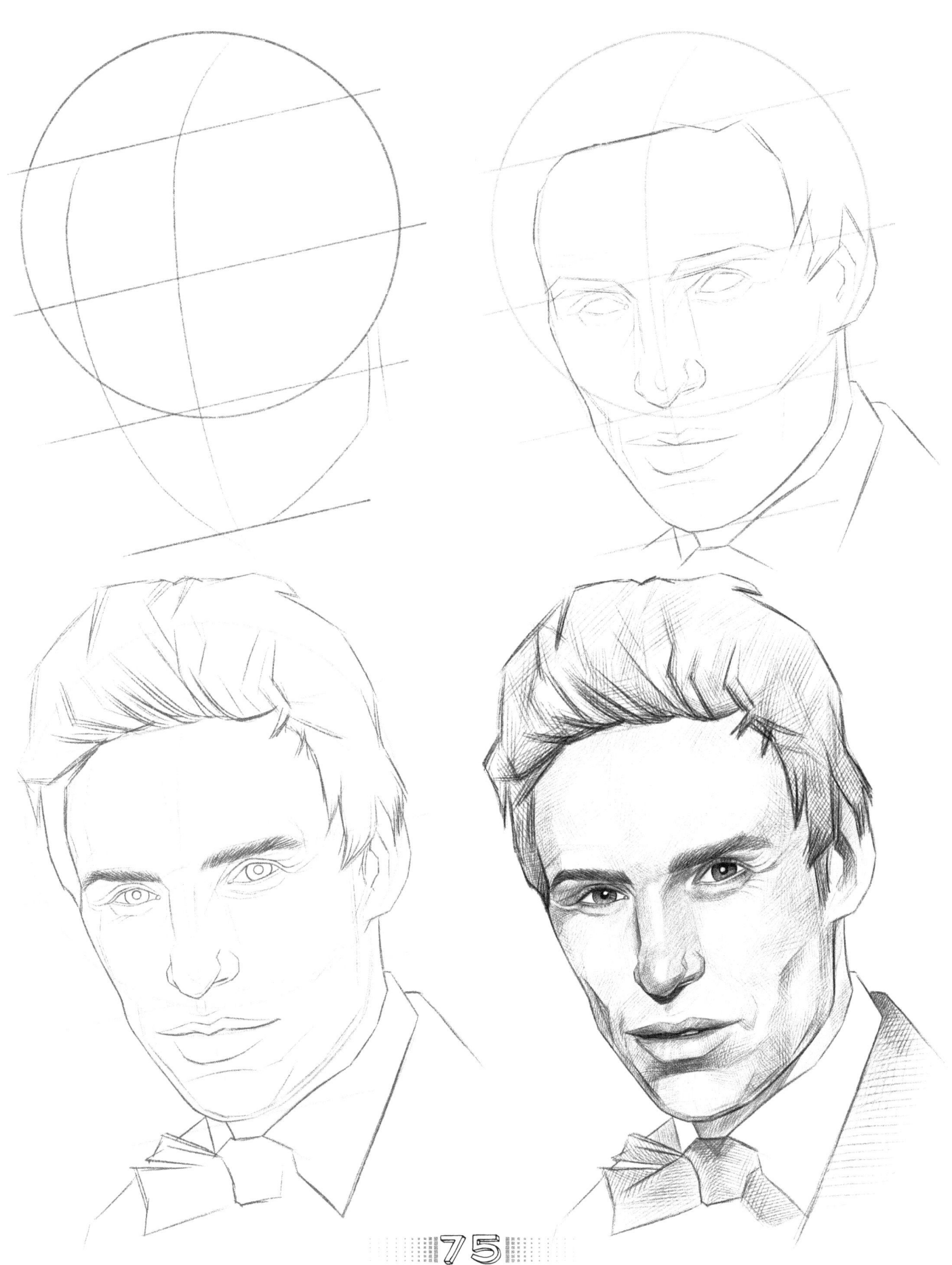

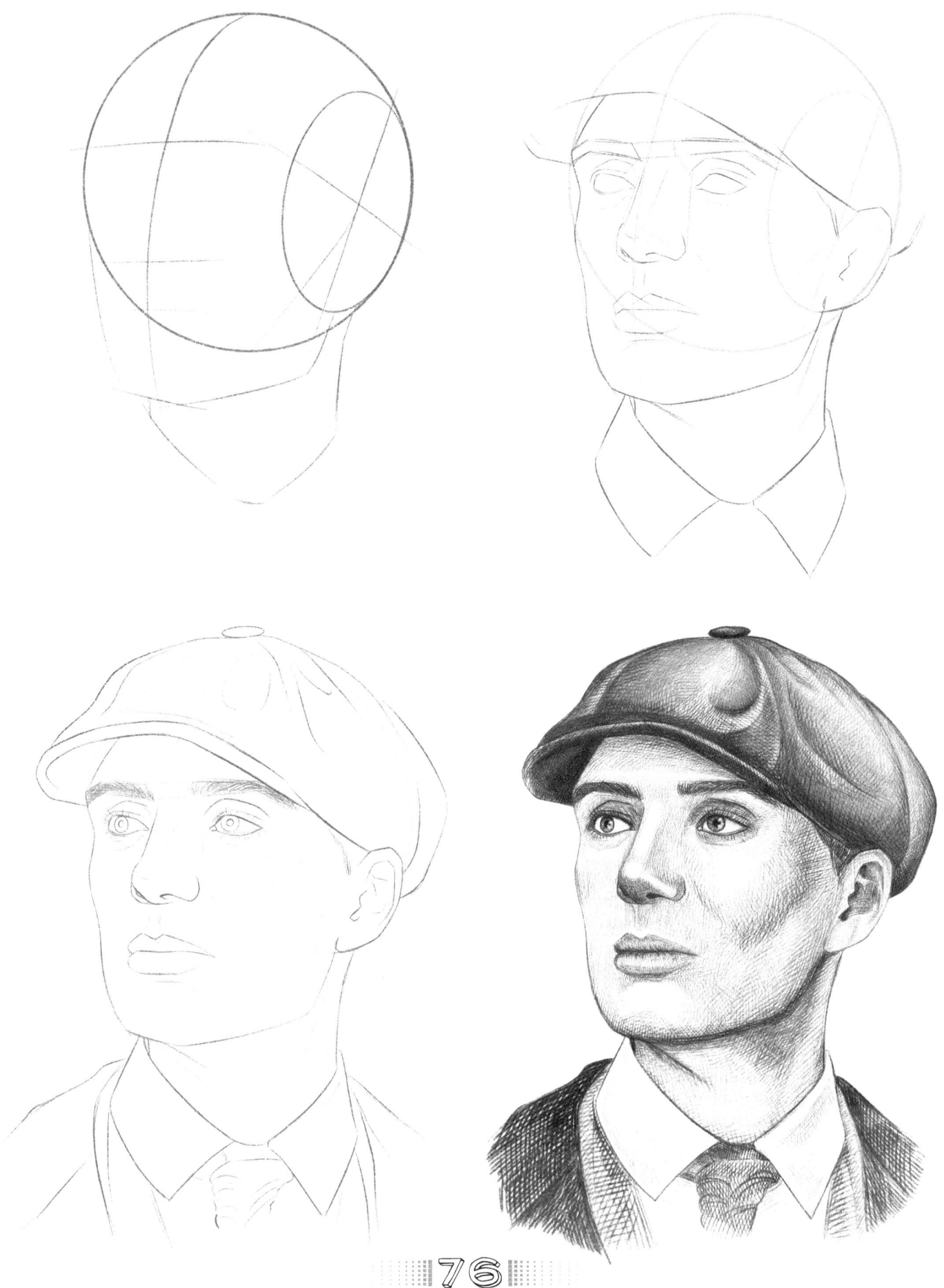

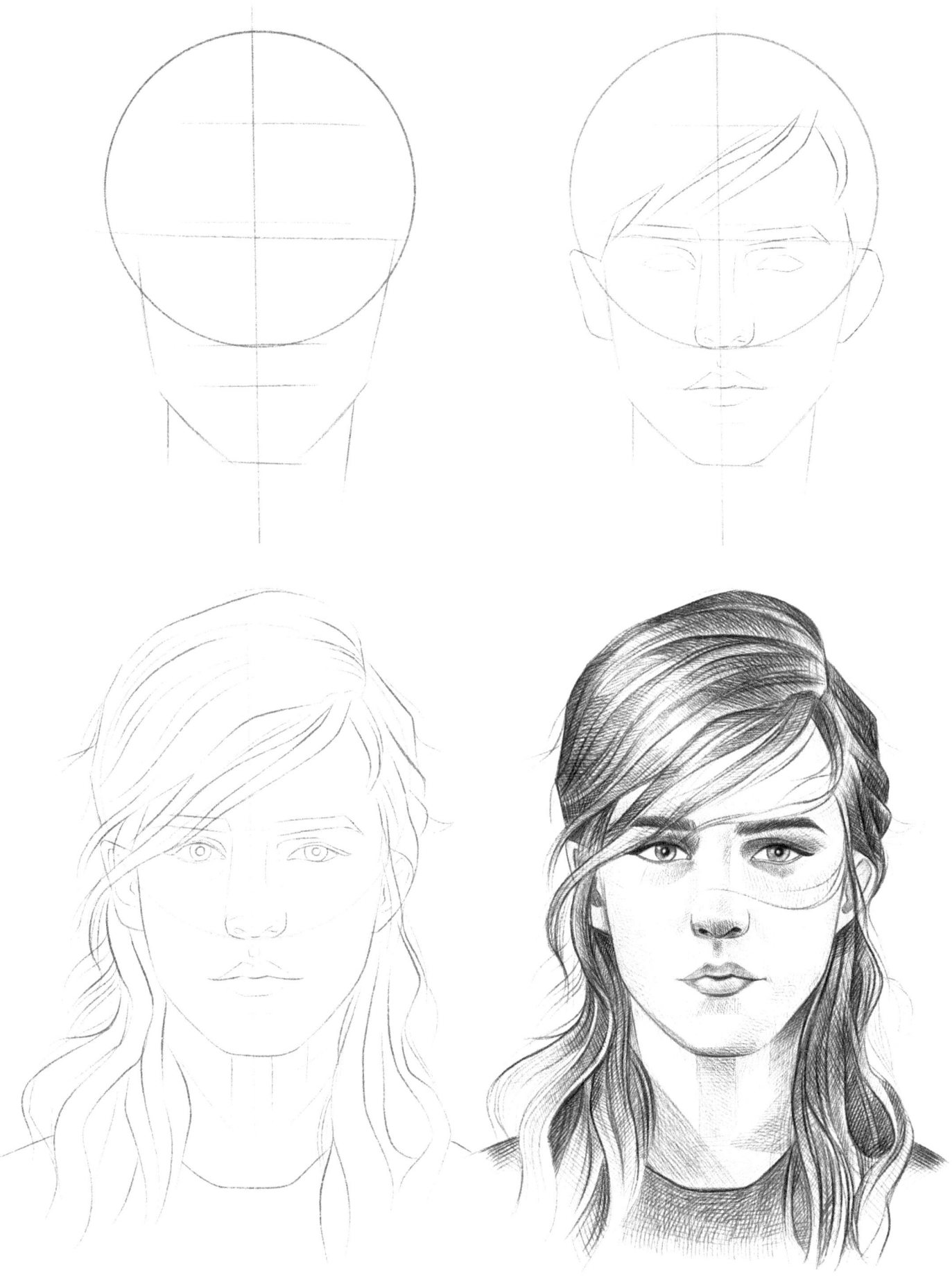

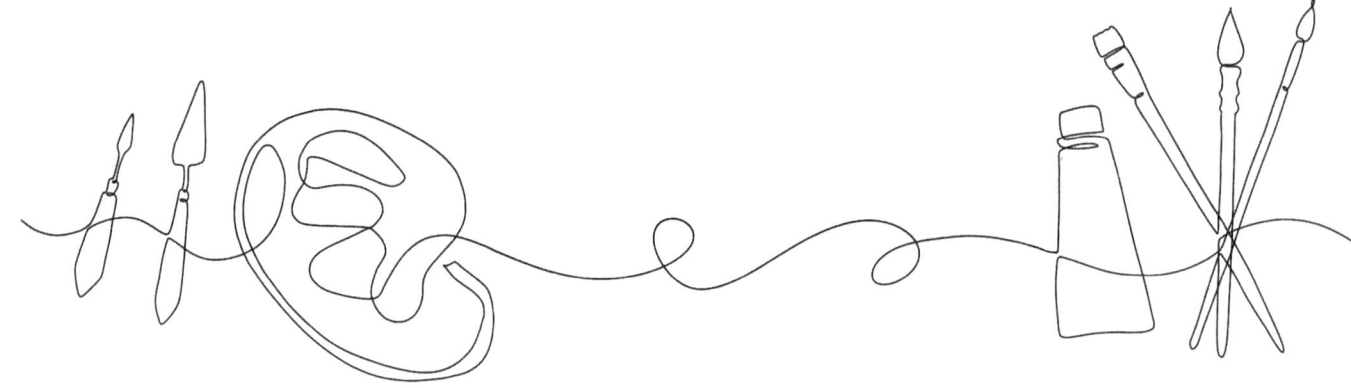

ZEICHNEN SIE WEITER: EIN ABSCHIED UND EIN NEUBEGINN

Herzlichen Glückwunsch zum Abschluss Ihrer Reise durch die Kunst des Porträtzeichnens! In diesem Buch haben Sie wichtige Techniken wie Schraffuren, die Beherrschung von Licht und Schatten und das Verständnis für Komposition und Perspektive gelernt. Sie haben die einzigartigen Merkmale von männlichen und weiblichen Gesichtern erforscht und herausgefunden, wie Sie Emotionen wirkungsvoll vermitteln können. Denken Sie daran, dass dies erst der Anfang Ihres künstlerischen Abenteuers ist und jeder Strich Ihres Bleistifts Sie Ihren künstlerischen Zielen näher bringt. Wenn Sie dieses Buch zuklappen, denken Sie daran, dass jede Zeichnung ein Schritt vorwärts in Ihrem künstlerischen Wachstum ist. Üben Sie weiter, experimentieren Sie weiter, und vor allem haben Sie weiterhin Spaß an diesem Prozess.

 Danke, dass Sie mich auf dieser Reise begleitet haben. Fahren Sie fort und schaffen Sie weiterhin mit Leidenschaft und Zielstrebigkeit.

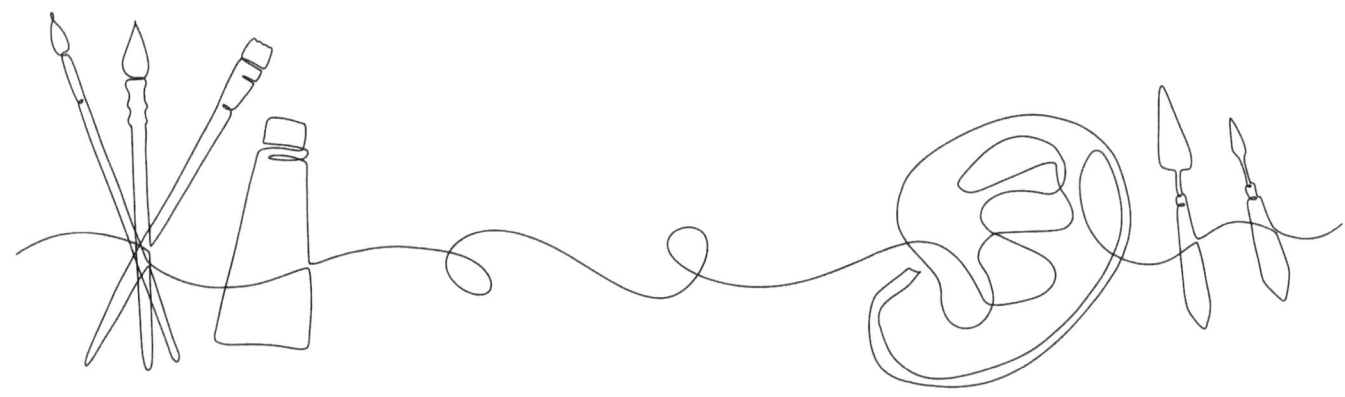

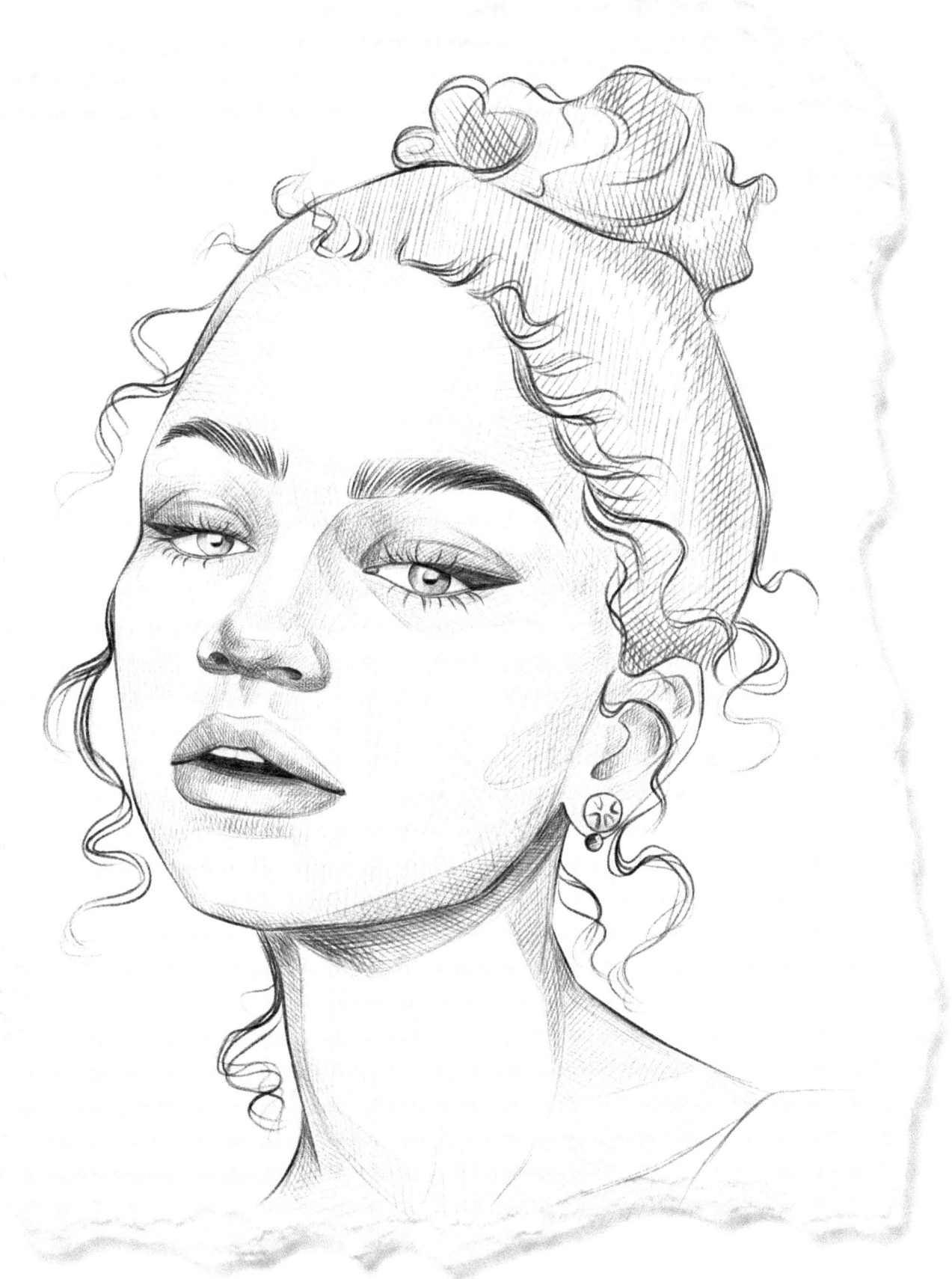

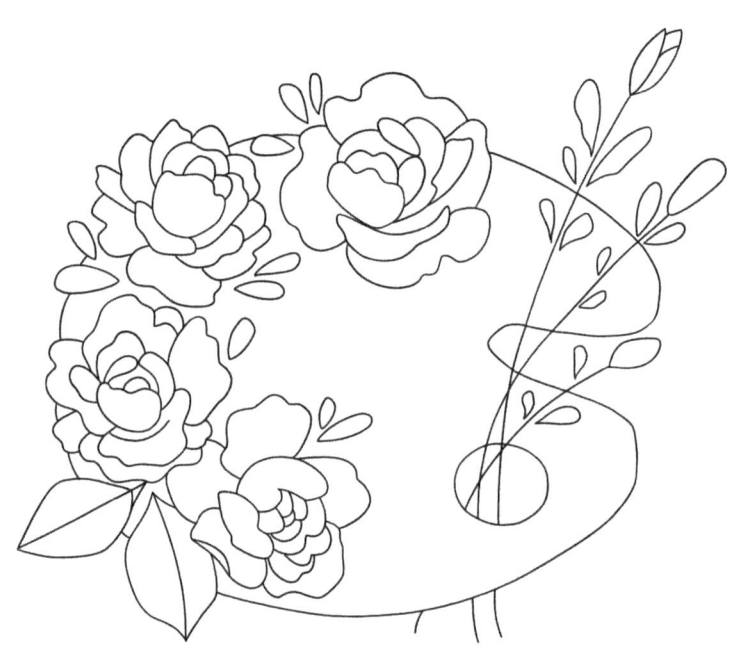

www.ingramcontent.com/pod-product-compliance
Lightning Source LLC
Chambersburg PA
CBHW062226220526
45471CB00009B/3366